RECUEIL

DE COMBATS ET D'EXPÉDITIONS

MARITIMES,

Considérés comme Exemples mémorables des progrès de la Tactique et de l'Art de construire les Vaisseaux chez les Puissances maritimes de l'Europe dans les deux derniers siècles.

CONTENANT

Des Vues perspectives et pittoresques de ces Combats, les Plans particuliers des Continens, Isles et Ports, à la vue desquels ils ont eu lieu ; le texte explicatif de chaque sujet, et des remarques concernant le style ou les principes à suivre dans les Dessins de Batailles pour l'intelligence de l'Histoire.

En 74 Planches, dont 24 Cartes.

Gravé par DEQUEVAUVILLER, *d'après les Dessins de* N. OZANNE, *ancien Ingénieur de la Marine.*

Imprimé sur Papier Vélin superfin, de JOHANNOT d'Annonay.

Iʳᵉ LIVRAISON. *prix 28 f*

A PARIS,

Chez DEQUEVAUVILLER, Graveur, rue Ste-Hyacinthe, près la Place St-Michel, N°. 530.

De l'Imprimerie de CLOUSIER, rue de Sorbonne.

RECUEIL

DE COMBATS

ET

D'EXPÉDITIONS MARITIMES,

CONTENANT

Des Vues perspectives et pittoresques de ces combats, les plans particuliers des continens, isles et ports à la vue desquels ils ont eu lieu;

Le Texte explicatif de chaque sujet, et des remarques concernant le style ou les principes à suivre dans les dessins de batailles pour l'intelligence de l'histoire.

En 74 Planches, dont 24 Cartes in-folio, imprimées sur papier vélin, gravées et mises au jour par Dequevauviller, d'après les dessins de N. Ozanne, ancien Ingénieur de la Marine.

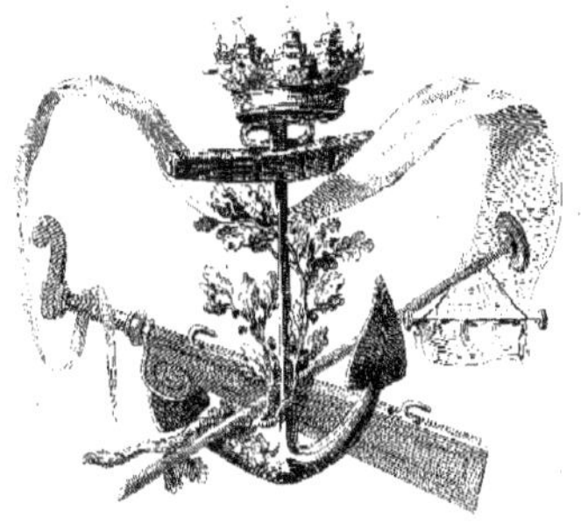

A PARIS,

Chez Dequevauviller, Graveur, rue St-Hyacinthe, n°. 530.
L'an 6 de la République, 1797.

AVERTISSEMENT.

Dans l'immensité des Événemens célèbres que l'Histoire recueille et qui sont susceptibles d'exercer les Crayons et les Burins des Artistes, l'on distingue ceux que nous offre la Marine militaire. Les deux derniers Siècles, si féconds en Expéditions navales, en Combats et en Siéges mémorables dans toutes les parties du Monde, ont fourni à cet Ouvrage des Scènes et des Tableaux pittoresques du plus grand intérêt. Les Plans et les relations extraites des Mémoires les plus authentiques qui les accompagnent, ne laissent rien à desirer et exposent dans tout leur jour, et sans partialité, le Génie et les Talens militaires des Hommes qui se sont distingués à la tête des Expéditions que ce Recueil représente.

L'on s'est borné à n'admettre dans cette Collection que les Sujets qui concourent essentiellement à donner la plus juste idée du Génie de la Tactique et de l'Art de construire les Vaisseaux dans cette période de Temps où tous les Systêmes sur la Marine se sont perfectionnés chez les Puissances maritimes de l'Europe. Les objets se sont présentés naturellement par leur grande célébrité; quelques-uns offrent des Sites riches qui répandent de la variété sur l'ouvrage.

L'on ne trouvera point ici tous les Combats qui ont eu lieu dans ces deux Siècles fameux où il n'y a point de Nation qui ne se soit signalée par ses exploits. C'est à l'Histoire générale de la Marine, traitée dans ce genre neuf et expressif, à ne laisser rien à desirer, et cet Essai qui en trace la marche, pourroit aussi en être l'introduction.

Cette collection convient à ceux qui se destinent à la Marine et au Dessin de ce genre : l'on y trouve des remarques sur l'application de cet Art à la Tactique navale, et chaque Sujet, représenté sous l'aspect le plus favorable, détermine d'une manière précise, l'idée que l'on peut se former des effets pittoresques et imposans qui résultent d'un Combat, d'une Défaite, d'un Bombardement, etc.

Les Amateurs, qui recherchent les productions d'un Art qui fait
l'ornement des Cabinets et des Ouvrages de Bibliothèques, y
trouveront de quoi satisfaire leur goût. Quant aux Marins instruits
et exercés, ces Tableaux leur présenteront des portraits qui leur
sont familiers; mais s'ils applaudissent à l'exactitude et à la vérité
des ressemblances, nous aurons atteint le but que nous nous
sommes proposés.

OBSERVATIONS.

Les Elèves déjà exercés dans le Dessin, appercevront à la simple inspection
de ce Recueil, que l'art d'exprimer avec intelligence les actions et les événemens
de la Guerre, consiste dans le soin de les offrir sous différens aspects. La Carte
militaire, où les Plans représentent la position horizontale mesurée ou estimée
de toutes les parties relatées dans la description du sujet. Les Vues perspectives
ou pittoresques sont prises sur ces Plans (comme il sera dit ci-après) offrent
en élévation les objets, tels qu'ils se présentent naturellement à la vue, à une
certaine distance favorable à leurs développemens.

Il y a deux espèces de Vues pittoresques; la première que l'on nomme
Vue d'Oiseau, parceque le Point où l'on suppose le Spectateur, est très-élevé
au dessus de l'Orizon. Ce genre convient pour les actions générales qui occupent
un espace très-vaste, tel que d'une ou plusieurs lieues quarrées. La seconde
espèce de Vue et la plus généralement adoptée pour les Flottes qui occupent
peu d'étendue, est celle où le Spectateur est supposé être à une hauteur modérée,
telle que celle de la dunette d'un Vaisseau de ligne ; mais c'est à l'artiste intelligent
à adopter l'une ou l'autre manière, selon les circonstances et la nature de son
sujet. En général, la distance du Spectateur à l'objet que l'on veut représenter,
doit être telle que l'Angle visuel ne soit pas plus ouvert que de 45 dégrés. Il
est facile de s'en assurer en plaçant sur la Carte militaire ou sur le Plan, le
Point-de-Vue plus ou moins près, et en tirant de ce point, des rayons qui
embrassent de droite et de gauche, toute l'étendue de l'objet, (ainsi qu'on le
voit sur la Carte, Pl. III) l'on s'assurera si l'ouverture de l'Angle visuel est
à peu près, comme il vient d'être expliqué.

PROSPECTUS.

RECUEIL
DE COMBATS ET D'EXPÉDITIONS MARITIMES,

Considérés comme *Exemples mémorables des progrès de la Tactique et de l'Art de construire les Vaisseaux chez les Puissances maritimes de l'Europe dans les deux derniers Siècles;*

Contenant des Vues perspectives et pittoresques de ces Combats, les Plans particuliers des Continens, Isles et Ports à la vue desquels ils ont eu lieu ; le Texte explicatif de chaque objet, et des remarques concernant le Style ou les Principes à suivre dans les Dessins de Batailles pour l'intelligence de l'Histoire ;

En 74 *Planches*, dont 24 *Cartes dessinées par* N. Ozanne, *ancien Ingénieur de la Marine, auteur de la partie littéraire et descriptive de l'Ouvrage, gravées et mises au jour par* Dequevauviller.

Dans l'immensité des Événemens célèbres que l'Histoire recueille et qui sont susceptibles d'exercer les crayons et les burins des Artistes, l'on doit distinguer ceux que nous offre la Marine militaire. Les deux derniers Siècles, si féconds en Expéditions navales, en Combats et en Siéges mémorables dans toutes les parties du Monde, ont fourni des Scènes et des Tableaux pittoresques du plus grand intérêt. Les Plans qui les accompagnent et les relations extraites des Mémoires les plus authentiques, ne laissent rien à désirer, et mettent dans tout leur jour le Génie et les Talens militaires des Hommes qui se sont distingués à la tête des expéditions que ce Recueil présente.

On a cru ne devoir admettre dans cette collection que les sujets qui concourent à donner une idée de la Tactique maritime et de l'Art de construire les Vaisseaux dans cette période de tems où tous les systêmes sur la Marine se sont perfectionnés chez les Puissances maritimes de l'Europe. Les exemples sont de la plus grande célébrité ; quelques-uns offrent des Sites riches qui répandent de la variété sur l'ouvrage.

Dequevauviller le présente avec confiance aux Marins, auxquels il peut être utile, et qui reconnoîtront dans ces tableaux des portraits qui leur sont familiers ; aux jeunes Élèves de la Marine, dont il est propre à entretenir l'ardeur, en même-tems qu'il peut servir à leur instruction ; aux Amateurs, des suffrages desquels il croit avoir de sûrs garans dans la célébrité de l'auteur des Dessins, dans les soins que lui-même apporte à la perfection des Planches, et dans les dépenses qu'il a faites jusqu'à ce jour, afin que chaque partie de son Ouvrage répondît aux vues d'utilité qui l'ont dictée ; enfin, aux Artistes, auxquels il présentera des observations sur la manière de peindre ou dessiner les Vues de combats maritimes et d'en placer le point de vue : observations qui proviennent d'un Artiste, dont l'expérience, la théorie, la pratique et les talens connus en ce genre doivent rendre les avis chers à tous ses Confrères, et sur-tout aux jeunes Gens qui seroient tentés de le suivre dans la carrière qu'il a parcourue avec tant de succès.

Cet Ouvrage a été commencé dans un tems où les Artistes découragés, poursuivis et dispersés, étoient réduits à renoncer aux Arts, ou condamnés à rester oisifs et suspendre tous leurs travaux.

DEQUEVAUVILLER, dans l'espoir d'un avenir plus heureux, a suivi son entreprise avec un courage dont il espère que le Public lui saura quelque gré. Seul et sans aucune espèce de secours, il a déjà fait paroître quatre Livraisons de son Recueil. La cinquième est déjà bien avancée, et lorsqu'elle aura paru, les Souscripteurs auront dans leurs mains plus de la moitié de l'Ouvrage.

Tous les Dessins, Cartes et Plans sont terminés, ainsi que le Texte ou Discours explicatif, et l'on peut s'en assurer chez DEQUEVAUVILLER.

Il est peu d'Ouvrages de ce genre qui se trouvent à près de moitié lorsqu'on les annonce, et sur l'achevement et la prompte jouissance desquels on offre aux Souscripteurs une garantie aussi forte, sans leur demander aucune avance, puisqu'ils ne payeront qu'à mesure qu'ils recevront les Livraisons.

DIVISION DE L'OUVRAGE PAR LIVRAISONS.

Les quatre Livraisons mises au jour contiennent, savoir :

La première, depuis 1525 jusqu'en 1666, les Combats de *Montmorenci*, de *Soubise*, de *Ruiter* et de *Trompe*.

La seconde, de 1675 et 1676, les expéditions de *Vivone*, de *Valbelle*, de *Duquesne* et de *Ruiter*.

La troisième, de 1683 jusqu'en 1697, celles de *Duquesne*, de *Tourville* et de *Pointis*.

La quatrième, de 1702 et de 1704, les Combats du Bailli de *la Pailleterie*, de *Château-Regnault*, de *Rooke* et du Comte de *Toulouse*.

Les Livraisons suivantes offriront, savoir :

La cinquième, depuis 1707 jusqu'en 1711, les expéditions de *Duguay-Trouin* et de *Cassard*, et la construction du Port-Louis dans l'Isle-de-France, en 1738, sous le gouvernement de *Mahé de la Bourdonnaie*.

La sixième, depuis 1744 jusqu'à 1756, les Expéditions de *Decourt*, de Dom *Navaro*, de *Mahé de la Bourdonnaie* et du Marquis de *la Galissonnière*.

La septième, de 1759 et 1760, les Expéditions du Comte d'*Estaing* aux Indes Orientales.

La huitième, la prise de la Havane dans l'Isle de Cuba, par les vaisseaux et les troupes Angloises, aux ordres des Généraux *Pocock* et *Albermale*, en 1762. Cette expédition est en sept Planches, dont la dernière représente l'entrée de la flotte Angloise dans le port de la Havane, sous le commandement d'*Auguste Keppel*.

La neuvième, les combats de *Tchesmé* en Natolie, entre les Russes et les Turcs, en 1770. Cette affaire a duré pendant trois jours, et les Turcs y furent complettement battus.

La dixième et dernière, représentera les Combats d'Ouessant en 1778, entre les François, commandés par le Comte d'*Orvilliers* et les Anglois, aux ordres de l'Amiral *Keppel*. Le combat de la Surveillante terminera cet ouvrage.

CONDITIONS DE LA SOUSCRIPTION.

Le Texte, ainsi que les Estampes, sont imprimés sur papier vélin superfin, et la partie Typographique répond au reste de l'ouvrage.

Pour ne point séparer les Sujets qui appartiennent à la même Campagne ou Expédition, il a fallu renoncer à faire les Livraisons d'un prix uniforme : mais on a pris un moyen qui ne laisse aux Souscripteurs aucune incertitude sur la somme qu'il devra payer par Livraison.

Le prix de chaque Livraison sera de 4 francs par Planche, le Texte compris, et sera indiqué sur l'enveloppe de chacune desdites Livraisons.

Les Personnes qui voudroient s'assurer de la nature et de l'intérêt de cette Collection, soit relativement à la composition des Sujets, soit par rapport à leur exécution en gravure, pourront s'adresser à DEQUEVAUVILLER, seul Editeur de l'Ouvrage.

Les Souscripteurs recevront exactement leurs Livraisons dans l'ordre d'inscription de leurs numéros.

On souscrit à Paris, chez DEQUEVAUVILLER, Graveur, rue Sainte-Hyacinthe, n°. 530, place Saint-Michel.

De l'Imprimerie de CLOUSIER, rue de Sorbonne, N°. 590.

PLANCHE II.

Combat *dans le Pertuis-Breton devant l'Isle de Ré, entre la Flotte Françoise aux Ordres de* Montmorency, *et les Vaisseaux Rochellois commandés par* Soubise, *le 2 Septembre 1625.*

Le Bâtiment Rochellois, nommé *la Vierge* fit une résistance mémorable dans ce Combat qui fut des plus sanglant; après une très-vive canonnade contre différens vaisseaux de la Flotte Royale, il est rejoint le lendemain par plusieurs qui le serrent de près et l'abordent à différentes reprises avec intrépidité; mais dans un troisième abordage qu'il n'est plus possible de repousser, les Rochellois, toujours soutenus par cette valeur extrême qui préfère la mort à l'humiliation de se rendre, mettent alors le feu à la soute aux poudres et s'ensevelissent ainsi avec un grand nombre d'assaillants, sous les ruines du Bâtiment. C'est ce moment terrible que nous avons essayé d'exprimer dans la Planche II : le reste de la Flotte Rochelloise profite de la nuit pour se réfugier sous Oléron, après avoir perdu aux deux meurtrières mêlées, représentées dans nos Planches, neuf Vaisseaux, tant pris que coulés à fond ou brûlés.

PLANCHE IV.

Siège *de la Rochelle en 1628, représenté dans le moment où les Assiégeants annoncent par des Salves d'artillerie, la soumission entière de cette Ville.*

Ce qu'il y a de plus remarquable pour la Marine dans ce Siége, représenté ici à *Vol-d'Oiseau*, c'est la fameuse Digue de circonvallation qui fut construite à quelque distance du Port, afin d'intercepter à la Place ou aux assiégés, tous secours du côté de la mer. Le plan que l'on en voit à la Planche III, est tiré de l'ouvrage très-connu de *Valdor* sur ce sujet; le célèbre *Calot* a également gravé plusieurs Planches sur la même Campagne, mais comme les opérations de la Marine ne répondent pas pour l'instruction, à la richesse de ces dernières Estampes, on ne les a pas reproduites ici.

On voit aussi dans la Planche III les proportions des Vaisseaux du dix-septième siècle; à l'égard des évolutions ou de la tactique navale, science qui dans la célèbre expédition de *François premier* contre l'Angleterre en 1545, ne consistoit encore que dans la simple formation de l'ordre de Bataille en trois divisions, ainsi que de nos jours, l'on ne voit pas de grands progrès dans cet

Art, avant les guerres de l'Angleterre et de la Hollande vers le milieu du dix-septième siècle, ou avant celles de la France contre ces deux Puissances, vers la fin du même siècle ; mais les progrès de cette science ont toujours été plus sensibles depuis cette époque, ainsi qu'on le voit, par les différens traités que l'on en a donnés depuis celui du P. *Hoste*, que tous les Marins connoissent.

PLANCHE VI.

COMBAT *entre l'Armée navale d'Angletterre et la Flotte des Provinces-Unies, à la hauteur de Nord-Foreland*, en 1666.

AU commencement de l'année, la France cédant aux instances des Etats-Généraux, fit armer 30 Vaisseaux qui devoient joindre la Flotte Hollandoise à la mer ; mais le prince *Robert* espéroit de pouvoir empêcher cette jonction en allant lui-même avec un égal nombre de ses plus fort vaisseaux au-devant de l'Escadre Françoise ; il se détacha de sa Flotte et en laissa le commandement au Duc *d'Albermale* qui devoit attendre son retour aux Dunes. Pendant cette absence les Hollandois s'étant montrés à la hauteur de Nord-Foreland, ils y jettent l'ancre n'ayant pas le vent assez favorable pour s'approcher davantage de l'Armée Angloise ; mais celle-ci arrivant incontinent sur eux, vers midi, *Ruiter* fait alors à sa Flotte le signal de couper les cables et de se mettre en Bataille. Ce premier engagement, soutenu avec la plus grande valeur de part et d'autre, dura 4 heures : la Flotte Angloise fut néanmoins la plus maltraitée par la facilité qu'eurent les Vaisseaux Hollandois de se servir toujours plus avantageusement de leurs batteries basses, que les Anglois, qui se trouvoient tous au vent pendant l'action.

Le Combat s'étant engagé le lendemain avec une ardeur égale des deux côtés, la Fortune s'y montra encore plus favorable aux Hollandois qu'aux Anglois. Les deux armées s'étant plusieurs fois coupées l'une et l'autre, les vaisseaux combattoient plus souvent par pelotons qu'en ordre de bataille générale ; et c'est dans un de ces momens de désordre, mais qui n'en est que plus pittoresque, que cet engagement est représenté ici. Les auteurs contemporains qui ont écrit de part et d'autre, l'Histoire de ce Combat, diffèrent entre-eux sur la force des Flottes, sur le nombre des Vaisseaux désemparés, pris ou coulés à fond, etc. La difficulté de concilier leurs diverses opinions a fait passer sous silence tous ces détails, et l'on a pensé que, dans un ouvrage de cette nature, l'on devoit en pareil cas se borner à donner un résultat général.

Il y a dans cette Campagne un troisième Combat entre les mêmes Armées, mais alors celle d'Angleterre avoit rassemblé toutes ses forces : Le prince *Robert* avec sa division s'y étoit réuni, tandis que l'Escadre Françoise commandée par le Duc *de Beaufort*, toujous retenue à Brest par des vents contraires, ne put sortir assez tôt pour se joindre à la Flotte Hollandoise ainsi qu'il a été dit plus haut. Ce contretemps n'empêcha pas *Ruiter* d'attaquer les Anglois, le 6 juillet, quoiqu'ils eussent des forces supérieures et l'avantage du vent sur lui, mais sa valeur et son intrépidité l'emportant sur ces considérations, il engage le Combat le plus opiniâtre et le plus terrible. Ses signaux trop foiblement apperçus ou mal interprétés par l'Escadre aux ordres de *Tromp*, qui faisoit son arrière-garde, et plusieurs Vaisseaux du centre ou de la ligne ne se trouvant pas en même-temps assez exactement serrés dans le premier feu, ce Général après des prodiges de valeur sans nombre et des mieux imités par les Capitaines qui purent comme lui, serrer la Flotte angloise, se vit enfin forcé vers la nuit de donner le signal de retraite pour gagner Flessingue. *Tromp* étant alors hors de la vue de l'Armée et sous l'Ecoute de l'arrière-garde ennemie qu'il canonnoit vivement, ne put apprendre ainsi la retraite de son Général; mais après avoir très-glorieusement écarté l'Escadre ou les Vaisseaux Anglois qu'il avoit eu en tête, il parvient à se réunir aux siens. Chaque navire s'étant alors réparé devant Flessingue toute la Flotte se rendit incontinent au Texel.

Les Anglois devenus par-là maîtres de la Mer, attaquent sans délai les côtes de la Hollande, descendent à Vlie, et y brûlent deux Navires de Guerre et un grand nombre de Bâtimens marchands qui leur avoient été indiqués. On voit dans la planche V les lieux des différens évènemens de cette Campagne.

PLANCHE VII.

Attaque de *Chatam* par les *Hollandois aux ordres de* Ruiter, *en* 1666.

L'armée navale des Provinces-Unies, composée de soixante-onze Vaisseaux aux ordres de *Ruiter*, se présente devant la Tamise, le 14 Juin, et détache plusieurs Bâtimens pour sonder et reconnoître l'embouchure de ce Fleuve; s'étant avancée jusqu'à la rivière de Medwey ou de Rochester qui se décharge dans la Tamise, y entre et met à terre huit cents soldats qui s'emparent d'abord du Fort de Shire-Ness et des munitions de guerre et de marine qui s'y trouvoient rassemblés. La destruction de ce poste ayant suivi de près sa conquête, les

Hollandois sans perdre un instant remontent la Medwey jusqu'à Chatam, rompent la chaîne déja tendue devant ce Port pour sa défense, brûlent plusieurs Vaisseaux anglois sous le château d'Upnor et prennent *le Royal Charles* et *le Jonatham*; le premier de 100 canons, le second de 90. Ces différentes opérations furent exécutées en moins de douze heures, et rendirent *Ruiter* maître de l'embouchure de la Tamise; se détachant alors de sa Flotte avec dix gros Vaisseaux pour inquiéter les Ports d'Angleterre sur la Manche, il répand de plus en plus l'allarme chez l'ennemi par de nouveaux succès, rejoint ensuite son armée, et la ramène triomphante dans sa Patrie. L'Histoire de la Marine n'offre peut-être pas de Campagne plus célèbre ou plus glorieuse pour le pavillon Hollandois.

INDICATION DES LIEUX REPRÉSENTÉS

DANS CETTE PLANCHE.

L'on voit dans le coin de l'Estampe à droite le Pont et l'antique Château de Rochester : tout près de cette Tour est l'Eglise Cathédrale avec la ville de Rochester qui est au-dessous laquelle s'étend un peu sur la gauche. La Tour à la lanterne qui se découvre vers le milieu sur le second plan du paysage, indique le principal magasin du Chantier de construction ou de l'Arsenal de Chatam. On voit un peu plus loin, dans le coin du Tableau à gauche, le Château d'Upnor, avec quelques Vaisseaux anglois incendiés par les brûlots de la Flotte hollandoise. (la masse de fumée qui environne ce Château rend l'expédition très-remarquable). A droite, un peu au-dessus de la Tour de Chatam, plusieurs Vaisseaux anglois éprouvent le même dégât. La fumée qui paroît dans le plus grand éloignement ou vers l'Horizon, indique l'attaque du Château de Shire-Ness qui, à l'embouchure de la Tamise, termine l'Horizon, et l'on y voit plusieurs Vaisseaux de la Flotte hollandoise à l'ancre.

COMBAT DE M.D.C.XXV.
ENTRE LA FLOTE FRANÇAISE
aux Ordres du Duc de Montmorenci
ET LES VAISSEAUX ROCHELLOIS
Commandé par Soubise,
DEVANT L'ISLE DE RÉ..

Ce Combat précéda de deux ans le dernier Armement de Louis XIII pour l'entière Réduction de la Rochelle.

REMARQUES

Avant cette expédition mémorable qui doit être regardée comme la première Époque de la Marine Française, c'est-à-dire de l'entretien d'une Flotte Militaire dans cet Empire, une Armement sur Mer commencèrent aussi mémorablement dans les Bâtimens de toutes constructions, qu'on louoit chez les Négocians ou chez les Alliés et auxquels on joignoit quelquefois Vaisseaux qui ne se construisoient que dans des circonstances hostiles. Vers le commencement du 17me Siècle l'Architecture navale étoit encore éloignée des principes que la Marine et la Guerre acquiert, ainsi qu'on peut le voir par le Vaisseau gravé Pl III.

Le Combat représenté ici fut une mêlée des plus vives où l'on comptoit environ quarante voiles de chaque côté. la flotte Royale est représentée par des lignes pleines qu'il faut regarder comme autant de pelotons de Bâtimens, et les traits ponctués désignent aussi ceux des Rochellois.

Il est peu d'ouvrages sur la Marine Française qui ne parlent de ce combat: L'on en voit une gravure dans les Campagnes du Règne de Louis XIII dont nous laissons le jugement aux libraires.

L'usage du Canon dans la Marine Française, selon quelques Auteurs, date de 1494, à la prise de Rapallo sur la côte de Gênes par le Duc d'Orléans nommé depuis Louis XII. (1) mais l'artillerie des Bâtimens de Colomb pour la découverte de l'Amérique en 1492 atteste que le service de cette nouvelle arme sur mer, avoit déjà acquis une grande renommée chez les Espagnols, antérieurement à l'Époque de ce Siège par les Galères de France. La Tactique Navale aidée d'un moyen si puissant, fit bientôt des progrès rapides vers sa plus grande perfection; dès lors les Évolutions combinées pour l'avantage du service du Canon, nécessitèrent pour les Vaisseaux un Ordre de Bataille différent de celui des Galères, et qui leur font présenter le flanc à l'ennemi dans le Combat, d'où sont venues ces dénominations d'Ordre de Bataille à Tribord ou à Basbord. (2) Mais on ne commença guère à connoître l'avantage de ces grandes Divisions appellées Corps de Bataille, Avant-garde, et Arrière; garde que dans la Flotte ou l'Armement de François I. contre l'Angleterre en 1545.

Quant à l'ordre de Combat des Galères anciennes
 et modernes elles ont toujours présenté la Proue à l'Ennemi. Cette partie ayant été constamment la place de leurs principales Machines de Guerre, avant et depuis l'usage du canon. Dans cet ordre de bataille qui se voit au bas de cette carte, les Armées se formoient en Croissant sur une seule ligne, autant que l'espace leur permettoient de se développer pour présenter le plus grand front à l'Ennemi; ou sur plusieurs lignes lorsque le champ de Bataille se trouvoit plus ou moins resserré comme il arriva dans le célèbre Combat de Salamine (l'an 480 avant J.C. (3)

Les Flottes anciennes prenoient encore l'Ordre de Bataille en Éperon ou en Potence dans certaines circonstances ainsi que les Carthaginois le firent au combat d'Ecnome ou d'Héraclée sur la côte de la Sicile 246 ans après la Bataille de Salamine (4)

La mémorable journée d'Actium nous fourniroit bien quelques lumières de plus sur la Tactique des Anciens ainsi que sur leur Architecture Navale, dans laquelle on trouveroit l'origine des Galères de nos jours; mais ce seroit trop nous écarter de notre principal objet, et cette matière non moins intéressante de l'histoire pourra trouver sa place dans un autre ouvrage.

Notes.

(1) Froissard parle d'un essai de Canons dans notre Marine en 1387, mais il eut un effet si peu digne de faire Époque qu'il n'a mérité ici qu'une simple citation.

(2) L'on en voit un exemple dans le petit encadrement placé au dessous de ces notes.

(3) Ce Combat est gravé dans le Voyage du jeune Anacharsis aussi glorieux sur lettres qu'instructif pour l'histoire des Sciences et des Beaux arts et que nous cherchons en siècle éclairé.

(4) L'on voit une gravure du Combat d'Héraclée dans l'histoire générale de la Marine et dans Folard, mais si cette Bataille eut été décrite par des marins, on y trouveroit moins de méprise et plus d'intérêt que par ces Auteurs.

Carte

PLAN DE L'ORDRE DE BATAILLE
DES BÂTIMENTS A RAMES EN CROISSANT cité dans cette carte.

ORDRE DE BATAILLE DES VAISSEAUX
sur les lignes de Tribord et de Basbord.

COMBAT DE 1625, DANS LE PERTUIS BRETON DEVANT L'ISLE DE RÉ.

Entre la Flotte Française aux ordres de Montmorency, et les Vaisseaux Rochellois commandé par Soubise.

PLAN
DE LA ROCHELLE
ET DE SA CIRCONVALATION
DANS LE SIEGE DE 1628.

AVEC

Une Table des principales proportions

DES VAISSEAUX DU XVII.ᵉ SIECLE.

GRANDEUR DES VAISSEAUX DE LIGNE,
VERS LE COMMENCEMENT DU SIECLE.

Nombre des Canons.	Longueur de tête en tête	Largeur au fort	Creux sous le premier Pont au maître couple.
74 Can.	155 Pieds	44 Pieds	19 Pieds
50.	120.	34.	17.
40.	110.	30.	14.
30.	100.	26.	12.

Comme les proportions des Vaisseaux indiquent assez généralement la force de leurs Canons, l'on voit par le tableau qui suit la gradation de cette arme dans la Marine, et suivant quelle s'approche de notre siècle.

PROPORTIONS DES VAISSEAUX DE LIGNE
DU MILIEU ET DE LA FIN DU SIECLE.

Nombre des Canons	Longueur de tête en tête	Largeur au fort	Creux sous le premier Pont au maître couple
100 Can.	170 Pieds	48 Pieds	23 Pieds ½
90.	160.	46.	22. ½
80.	154.	44.	21. ½
70.	146.	42.	20. ½
60.	140.	40.	19. ½
50.	136.	36.	17.

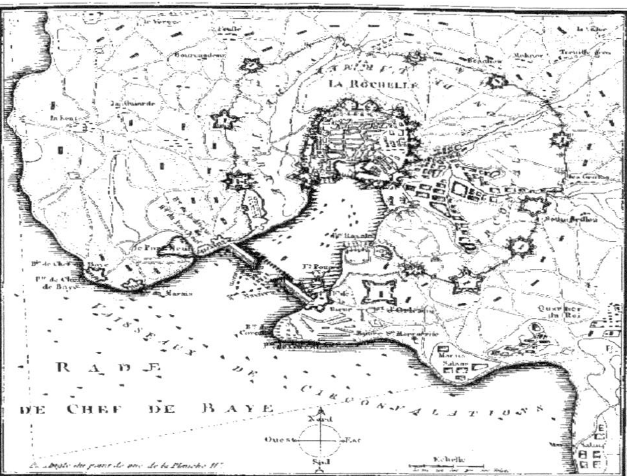

Article relatif à l'art du Dessin pour les Cartes Militaires.

Joignant toujours autant qu'il se peut aux planches de ce Recueil quelques instructions sur le dessin, cette gravure nous permet ou paraît demander la remarque qui suit.

Dans ce Plan de la Rochelle, les Vaisseaux sont représentés graphiquement ainsi qu'il convient pour s'accorder avec l'objet principal, car des Vaisseaux en perspective devant une Ville semblable, c'est à dire déjà tracée graphiquement offriraient un contresens manifeste ou le moins excusable aux yeux des Artistes et de tous les gens de goût. De tels tableaux se voyent néanmoins très fréquemment dans la Marine, mais nous évitons ici ce mauvais genre, en traitant toujours le perspectif et le géométral séparément. Nous ne savons même que très faiblement la perspective cavalière, c'est à dire les tableaux qui offrent chaque objet en élévation sur son plan ayant cru devoir préférer les vues d'oiseaux qui sont toujours moins froides et plus naturelles.

DESSIN DU VAISSEAU NOMMÉ LA COURONNE,
de 74 Canons.

Construit à la Roche Bernard en 1637.

ÉTAT D'ARMEMENT DE CE VAISSEAU,
en 1638.

Le Capitaine.
Le Lieutenant.
L'Enseigne.
5. Capitaines d'Armes.
2. Serpents.
6. Caporaux.
6. Anspessades.
Le Prevot.
2. Aumoniers.
3. Chirurgiens avec trois Boîtes.
2. Maîtres d'Equipages.
4. Contre Maîtres.
16. Quartiers Maîtres.
2. Pilotes hauturiers.

2 Pilotes pour les côtes d'Espagne.
Id pour celles de Saintonge.
Id pour les côtes de Bretagne.
Un Maître Charpentier et 14. Charpentiers calfateurs.
2. Tonneliers.
8. Maîtres Valets.
3. Maîtres Coques.
Un Maître Canonnier.
Un Canonnier et boute-feue pour 4. Pièces.
5. Armuriers.
500. Matelots.
Ce Tableau donne 620. hommes.

SIÉGE DE LA ROCHELLE EN 1628.

Représenté dans le moment où les assiégeants anoncent par des Salves d'Artillerie la soumission entiere de cette Ville.

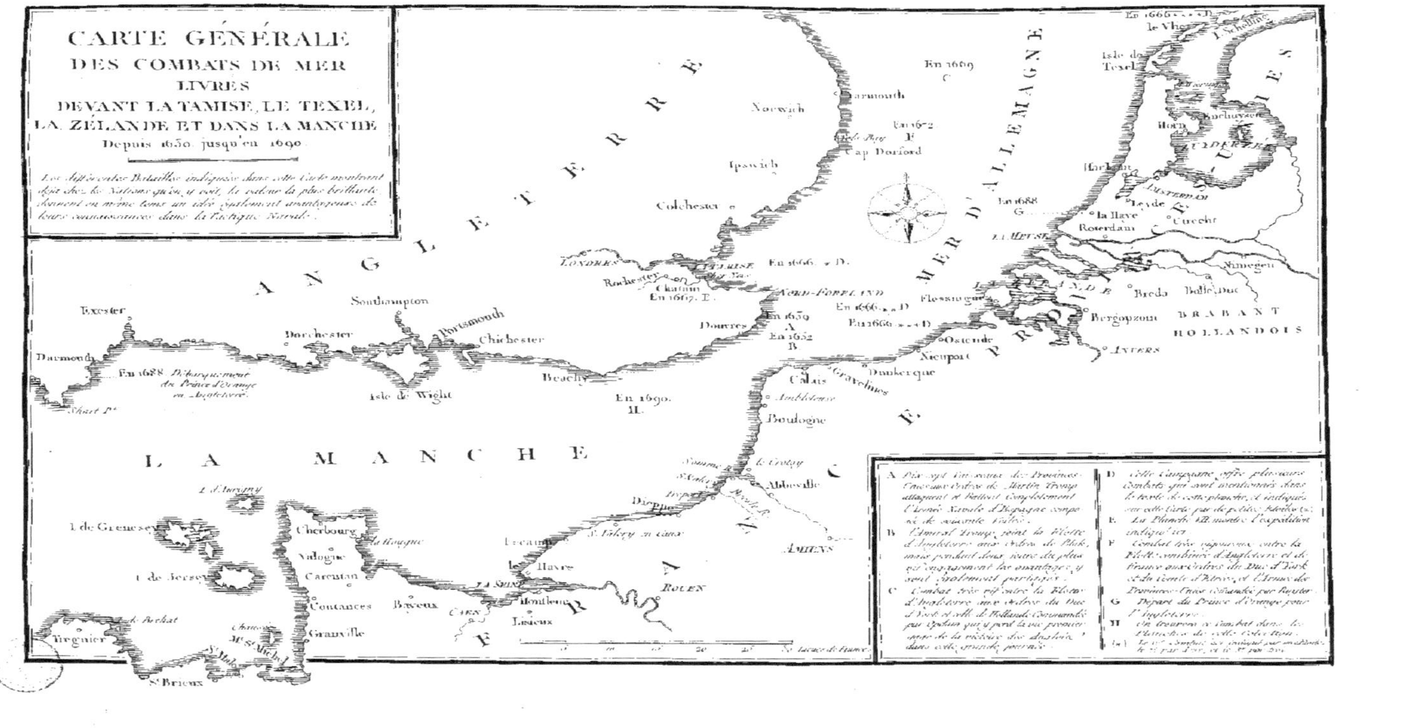

Pl. V.
CARTE GÉNÉRALE
DES COMBATS DE MER
LIVRES
DEVANT LA TAMISE, LE TEXEL,
LA ZÉLANDE ET DANS LA MANCHE
Depuis 1650 jusqu'en 1690.

ANGLETERRE
MER D'ALLEMAGNE
LA MANCHE
BRABANT HOLLANDOIS
LA MEUSE

Norwich
Yarmouth
Ipswich
Cap Dorford
Colchester
Londres
Rochester
Chatam
En 1667. E.
La Tamise
Nord-Foreland
En 1666. . D.
En 1666. . D
En 1666. . D
Exeter
Southampton
Dorchester
Portsmouth
Chichester
Isle de Wight
Beachy
En 1690.
H.
Darmoud
En 1688. Débarquement du Prince d'Orange en Angleterre.
Start Pt
Douvres
En 1639
A
En 1652
B
Calais
Gravelines
Dunkerque
Ostende
Nieuport
Amblèteuse
Boulogne
Somme R.
le Crotoy
St Vaks
Trepos
Dieppe
Abbeville
Eu
Fécamp
St Valéry en caux
Le Havre
LA SEINE
Honfleur
Lisieux
CAEN
Bayeux
ROUEN
AMIENS
I. d'Aurigny
I. de Grenesey
I. de Jersey
Cherbourg
La Hougue
Valogne
Carentan
Contances
Granville
Treguier
St Malo
Mt St Michel
St Brieux

En 1669
C
En 1672
F
En 1688
G
En 1666. . D
le Vlie
I. Schelling
Isle de Texel
ZUIDERZEE
Horn
Harlem
Amsterdam
Leyde
la Haye
Roterdam
Utrecht
Nimegen
Breda
Bolle-Duc
Bergopzom
Anvers
Flessingue

A Dix-sept vaisseaux des Provinces-Unies aux ordres de Martin Tromp attaquent et battent complètement l'Armée Navale d'Espagne composée de soixante voiles.
B L'Amiral Tromp joint la Flotte d'Angleterre aux ordres de Blak, mais pendant deux jours de plus qui s'engagèrent les avantages y sont également partagés.
C Combat très vif entre la Flotte d'Angleterre aux ordres du Duc d'Yorck et celle de Hollande Commandée par Opdam qui y perd la vie premier coup de la victoire des Anglais dans cette grande journée.
D Cette Campagne offre plusieurs Combats qui sont mentionnés dans le texte de cette planche, et indiqués sur cette carte par de petites flèches.
E La Planche VII montre l'expédition indiquée ici.
F Combat très vigoureux entre la Flotte combinée d'Angleterre et de France aux ordres du Duc d'Yorck et du comte d'Estrées, et l'Armée des Provinces-Unies Commandée par Ruyter.
G Départ du Prince d'Orange pour l'Angleterre.
H On trouvera ce combat dans la Planche XX de cette Collection.

COMBAT DE 1666, ENTRE L'ARMÉE NAVALE D'ANGLETERRE ET LA FLOTE DES PROVINCES-UNIES,

à la hauteur de Nord-Foreland.

ATTAQUE DU PORT DE CHATAM PAR LES HOLLANDOIS EN 1667,

aux ordres de Ruiter.

RECUEIL

DE COMBATS ET D'EXPÉDITIONS

MARITIMES,

Considérés comme Exemples mémorables des progrès de la
Tactique et de l'Art de construire les Vaisseaux chez les
Puissances maritimes de l'Europe dans les deux derniers siècles.

CONTENANT

Des Vues perspectives et pittoresques de ces Combats, les Plans particuliers
des Continens, Isles et Ports, à la vue desquels ils ont eu lieu ; le texte explicatif
de chaque sujet, et des remarques concernant le style ou les principes à suivre
dans les Dessins de Batailles pour l'intelligence de l'Histoire.

En 74 Planches, dont 24 Cartes.

Gravé par DEQUEVAUVILLER, *d'après les Dessins de*
N. OZANNE, *ancien Ingénieur de la Marine.*

Imprimé sur Papier Vélin superfin, de Johannot d'Annonay.

2ᵐᵉ LIVRAISON. priy 28ᶠ

A PARIS,

Chez Dequevauviller, Graveur, rue Ste - Hyacinthe, près la Place
St - Michel, N°. 530.

De l'Imprimerie de Clousier, rue de Sorbonne.

Déposé à la Bibliothèque Nationale

PLANCHE VIII.

COMBAT *à la vue de Messine, en 1675.*

LA conduite que les Espagnols tenoient depuis quelque temps avec les Messinois ayant réduit ces derniers, déjà en proie aux horreurs de la famine, à la nécessité de recourir à la France, alors en guerre avec l'Espagne, on fit partir de Toulon divers bâtimens chargés de vivres sous l'escorte de quelques frégates commandées par le chevalier *de Valbelle*, avec l'assurance d'un secours prochain et plus considérable qui se préparoit dans le même port. Cette seconde flotte leur fut expédiée sans délai, sous la protection de neuf vaisseaux de guerre aux ordres du duc de *Vivonne*, qui, à la hauteur de Messine, trouva l'occasion de se signaler en même-temps contre une flotte espagnole, composée de vingt vaisseaux de ligne et de seize galères. Cette bataille est représentée dans la Planche VIII. Le chevalier *de Valbelle*, jaloux de prendre part au combat, sort incontinent du port de Messine avec sa petite escadre représentée dans l'éloignement sur la même estampe ; les vaisseaux *de Vivonne* occupent le second plan du tableau et la flotte espagnole le premier. Après un engagement des plus vifs, le champ de bataille étant resté aux François, ils entrent, dans le port de Messine, avec la gloire d'avoir battu, sous ses murs, une flotte très-supérieure à la leur.

L'on a pensé que la représentation géométrale de ce combat devenoit ici superflue, parce que le tableau pittoresque que l'on en donne peut y suppléer par l'élévation du point de vue : c'est le parti que l'on prendra dans quelques autres sujets de ce recueil lorsque l'on pourra le faire sans nuire à l'intelligence de l'action.

PLANCHES IX, X, XI.

RELATION *du combat naval devant Agouste, 1676,*

DUQUESNE ayant appris dans le port de Messine, que la flotte combinée d'Espagne et de Hollande, commandée par *Ruiter*, menaçoit Agouste, qui se trouvoit alors sous la protection de la France, mit promptement à la voile et se présenta, le 22 Avril, vers les neuf heures du matin devant l'ennemi, dans l'ordre représenté sur la Planche IX. Il avoit eu déjà, dans le mois de Janvier précédent, l'occasion de combattre les mêmes forces à la vue de Melazo, avec assez d'avantage pour pouvoir en espérer de nouveaux devant Agouste. Les alliés ayant eu le vent sur l'armée françoise, *Duquesne* fut obligé d'attendre le moment où il leur plairoit d'arriver pour engager le combat; mais par la disposition de leur flotte dans cette occurence, les premiers coups de canon ne purent être tirés, de part et d'autre, que sur les deux heures après midi à l'avant-garde de chaque armée. Celle de la flotte combinée, entièrement composée de gros vaisseaux hollandois conduite par *Ruiter* lui-même, fait un feu terrible sur l'escadre *de Dalmeras*, qui lui répond avec autant de vivacité que d'habileté dans la manœuvre; mais ses vaisseaux étant moins forts et moins nombreux que ceux de *Ruiter*, ils sont en moins d'une heure de combat, tellement désemparés qu'ils se trouvent obligés d'arriver pour se regréer. La planche X représente le commencement de cette vigoureuse action, pendant laquelle l'arrière-garde ennemie, également composée de vaisseaux hollandois conduits par le Vice-Amiral *Haam*, joignit l'arrière-garde françoise aux ordres *de Gabaret*; dans la même estampe on voit le corps de bataille des alliés, composé des vaisseaux espagnols commandés par *Don Francisco de la Cerda*, arrivant sur le corps de bataille de l'armée de France conduit par *Duquesne*. La côte de Sicile ainsi que l'Etna se découvrent dans l'éloignement et termine ce paysage vers l'horrison. Au moment où les Espagnols se trouvent à la distance convenable de la ligne françoise pour pouvoir prendre part à l'action, *Ruiter* vient s'unir à eux, après avoir mis les vaisseaux *de Dalmeras* hors d'état de combattre, ainsi qu'on l'a vu plus haut: cette jonction est représentée dans la Planche XI. Le combat devenant des plus furieux par la vivacité du feu qui se faisoit de part et d'autre, finit par être très-funeste pour l'armée du vent. *Ruiter* s'étant fort avancé dans la mêlée, fut atteint par un boulet qui lui emporta la moitié du pied gauche et lui brisa la jambe droite. Ce malheur ne l'empêcha pas de soutenir vigoureusement le combat jusqu'à la nuit, avec ce courage éclairé et cette présence d'esprit héroïque qui lui étoient si naturels; mais sur le déclin du jour son armée se trouvant fort désemparée, il se vit obligé d'ordonner la retraite et de profiter de la nuit pour pouvoir se rendre plus sûrement dans le port de Syracuse avec tous ses vaisseaux. Les François se présentèrent deux fois à l'embouchure du port de Syracuse pour engager les alliés à sortir et à vouloir courir les hazards d'un nouveau combat; mais cette invitatation n'ayant eu aucun effet, *Duquesne* entra dans le port d'Agouste, et en partit le 30 Avril pour retourner à Messine. Les Hollandois se seroient consolés de l'événement de la bataille d'Agouste s'ils avoient pu conserver *Ruiter*; mais malgré tous les secours de l'art, il mourut de ses blessures le 29 Avril, également regretté de sa nation et de la France qui donna publiquement des témoignages d'estime et d'admiration à la mémoire de ce héros (*).

Il s'étoit élevé, par son seul mérite, de l'état de matelot aux grades les plus brillants de la marine, et parmi les guerriers dont l'histoire nous conserve les noms et la gloire, il n'en est peut-être pas qui ait fait autant d'honneur à son pays, ne l'ait mieux servi, ni mieux mérité l'immortalité et l'admiration des peuples policés, que le brave *Ruiter*.

PLANCHES XIII, XIV,

La Planche XIII représente le commencement de l'attaque des armées combinées d'Espagne et de Hollande dans le Port de Palerme, et la Planche XIV la défaite complette de la même armée en 1676.

Duquesne après avoir inutilement provoqué les alliés à un nouveau combat, en se présentant plusieurs jours de suite devant le port de Syracuse où ils s'étoient retirés depuis la journée d'Agouste, se décide à reprendre la route de Messine où plusieurs galères et quelques vaisseaux frais l'attendoient pour grossir son armée. Le maréchal de *Vivonne*, alors général dans cette place, prend le commandement de la flotte françoise et fait voile vers Palerme où les ennemis s'étoient déjà retirés pendant le temps du raliement des forces navales de France. Ce nouveau chef confie entièrement à *Duquesne* la conduite de l'expédition, et l'armée se présente le dernier jour de Mai, devant Palerme, où les alliés étoient déjà embossés, ainsi qu'on le voit

---

(*) Le Capitaine *Kallemburg*, chargé de transporter en Hollande le cœur de *Ruiter* crut pouvoir échapper à la vigilance de l'armée françoise, mais la frégate qu'il montoit fut apperçue, chassée, prise, et *Duquesne* ayant fait venir sur son bord le capitaine hollandois, lui demanda où il alloit ? *Hélas !* répondit Kallemburg, *je vais porter à Amsterdam le cœur de l'infortuné* Ruiter. *Duquesne* passe aussi-tôt sur la frégate hollandoise, entre dans la chambre du capitaine, qui étoit tendue de noir, s'approche avec respect du vase funéraire et levant les mains au ciel, s'écrie : *Voilà donc les restes d'un grand homme ! il a trouvé la mort au milieu des hazards qu'il avoit bravés tant de fois ;* puis se tournant vers le Capitaine : *Votre commision, Monsieur, est trop respectable pour que je vous arrête ; allez en assurance, vous éprouverez par-tout les mêmes égards que je vous témoigne ici ; je vais donner des ordres en conséquence.*

dans la Planche XIII. Le 2 Juin, neuf vaisseaux de l'armée de France, suivis de cinq galères et de trois brûlots, s'avancent et s'amarent fièrement sur les ancres des ennemis vers la tête de leur ligne, qu'ils chargent très-vigoureusement sous le feu des batteries du port qui la protége puissamment ; mais la victoire dans ce premier choc s'étant déclarée pour les François, ils donnent le signal pour l'attaque générale. L'armée françoise s'avançant alors avec autant d'ordre que de célérité sur le corps de bataille et sur l'arrière-garde de la flotte combinée, les chargent et les obligent, après une vigoureuse résistance, à gagner le port et la côte, où plusieurs périssent par les brûlots des François : tel est ce moment de l'action que l'on a essayé d'exprimer dans la Planche XIV. Les alliés perdirent dans cette journée six galères et douze gros vaisseaux entre lesquels on comptoit l'amiral et le vice-amiral d'Espagne.

COMBAT NAVAL A LA VUE DE MESSINE EN 1675,

aux ordres du Duc de Vivonne.

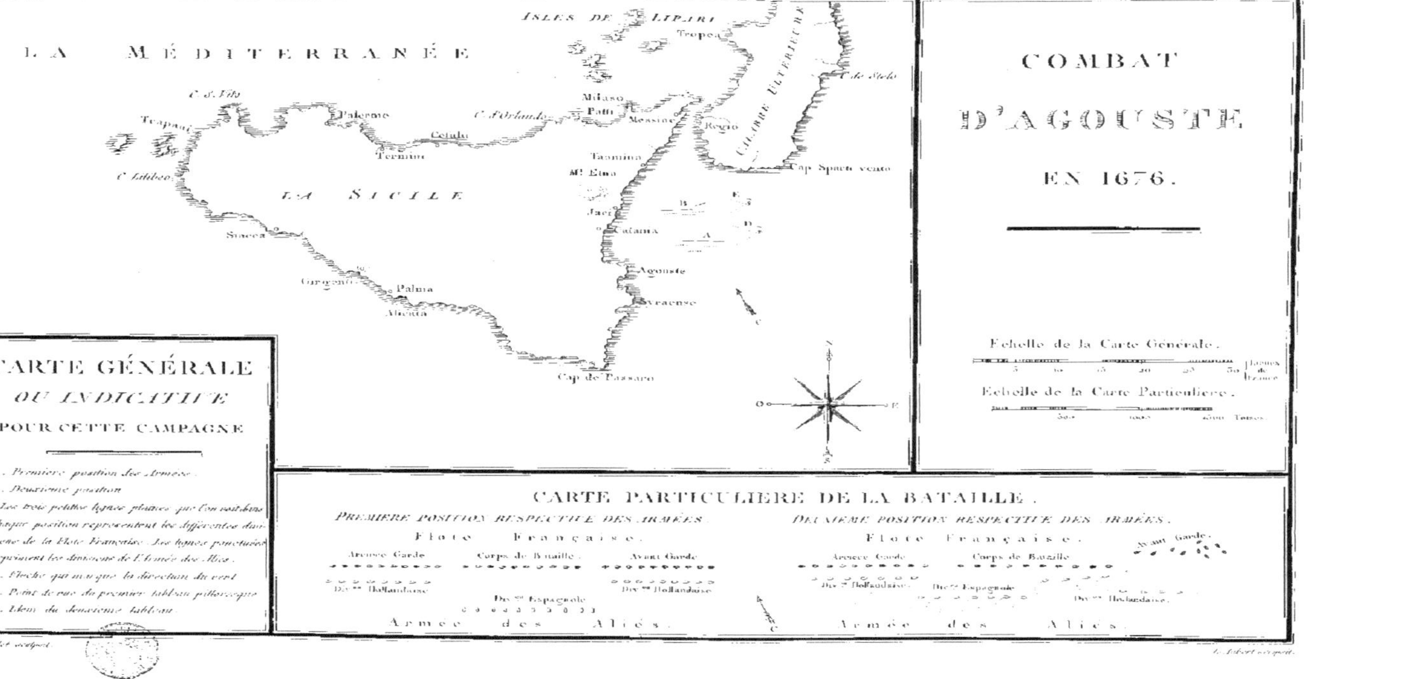
COMBAT
D'AGOUSTE
EN 1676.
Echelle de la Carte Générale.
Echelle de la Carte Particuliere.
LA MÉDITERRANÉE
ISLES DE LIPARI
LA SICILE
C. S. Vito
Trapani
Palerme
Cefalu
Termini
C. Lilibeo
Sacca
Girgenti
Palma
Alicata
Cap de Passaro
Milazo
Patti
Messine
C. d'Orlando
Tropea
C. de Stelo
Regio
Taormina
Mt Etna
Jaci
Catania
Agouste
Siracuse
Cap Spara vento
CALABRE ULTERIEURE
Tropea
N O E S
CARTE GÉNÉRALE
OU INDICATIVE
POUR CETTE CAMPAGNE
A. Première position des Armées.
B. Deuxième position.
Les trois petites lignes pleines que l'on voit dans
chaque position représentent les différentes divi-
sions de la Flote Française. Les lignes ponctuées
expriment les divisions de l'Armée des Alliés.
C. Fleche qui marque la direction du vent.
D. Point de vue du premier tableau pittoresque.
E. Idem du deuxième tableau.
CARTE PARTICULIERE DE LA BATAILLE.
PREMIERE POSITION RESPECTIVE DES ARMÉES.
Flote Française.
Arriere Garde
Corps de Bataille.
Avant Garde
Divion Hollandaise
Divion Espagnole
Divion Hollandaise
Armée des Alliés.
DEUXIEME POSITION RESPECTIVE DES ARMÉES.
Flote Française.
Arriere Garde
Corps de Bataille
Avant Garde
Divion Hollandaise
Divion Espagnole
Divion Hollandaise
Armée des Alliés.

1. POSITION DE L'ARMÉE NAVALE DE FRANCE ET DE LA FLOTE COMBINÉE D'ESPAGNE ET DE HOLLANDE,

au Combat d'Agouste en 1676.

II.e POSITION DE L'ARMÉE NAVALE DE FRANCE ET DE LA FLOTE COMBINÉE D'ESPAGNE ET DE HOLLANDE,

au Combat d'Agouste en 1676.

PL. XII.
DÉFAITE COMPLÈTE
DE LA FLOTE COMBINÉE
D'ESPAGNE
ET DE HOLLANDE,
A PALERME
en 1676.
A. Flote des Aliés embossée avec leurs Galeres dans les intervalles des Vaisseaux ...
B. Division de l'armée de France attaquant l'avant garde des ennemis.
C. Vaisseaux de la Flote Françaises en mouvement pour l'attaque générale des Aliés.
D. Corps de reserve.
E. Galeres de France.
F. Brulots Français.
G. Frégates d'observation en vedette.
H. Flèche qui montre la direction du vent.
I. Lieu du point de vue pour la planche IX qui représente le moment de l'action le plus remarquable.
Echelle de 500 Toises de France.
PARTIE DE L'ENCEINTE DE PALERME DU CÔTÉ DE LA MARINE
Forteresse de Castellamare
Le Port
Le Vieux Mole
Arriere Garde
Corps de Bataille
Phare
Mole Neuf
Port du Mole neuf
Embouchure de la Nave
LA MÉDITERRANÉE

COMMENCEMENT DE L'ATTAQUE DE LA FLOTE COMBINÉE D'ESPAGNE ET DE HOLLANDE,

dans le Port de Palerme en 1676.

DÉFAITE COMPLETTE DE L'ARMÉE COMBINÉE D'ESPAGNE ET DE HOLLANDE,

à Palerme en 1676.

RECUEIL

DE COMBATS ET D'EXPÉDITIONS

MARITIMES,

Considérés comme Exemples mémorables des progrès de la Tactique et de l'Art de construire les Vaisseaux chez les Puissances maritimes de l'Europe dans les deux derniers siècles.

CONTENANT

Des Vues perspectives et pittoresques de ces Combats, les Plans particuliers des Continens, Isles et Ports, à la vue desquels ils ont eu lieu ; le texte explicatif de chaque sujet, et des remarques concernant le style ou les principes à suivre dans les Dessins de Batailles pour l'intelligence de l'Histoire.

En 74 Planches, dont 24 Cartes.

Gravé par DEQUEVAUVILLER, *d'après les Dessins de* N. OZANNE, *ancien Ingénieur de la Marine.*

Imprimé sur Papier Vélin superfin, de JOHANNOT d'Annonay.

3.me *LIVRAISON.* *puy 36 t*

A PARIS,

Chez DEQUEVAUVILLER, Graveur, rue Ste-Hyacinthe, près la Place St-Michel, N°. 530.

De l'Imprimerie de CLOUSIER, rue de Sorbonne.

Déposée à la Bibliothèque Nationale

PLANCHES XV, XVI,

Bombardement d'Alger, par la Flotte françoise aux ordres de Duquesne, en 1683.

P o u r assurer la liberté du commerce que les Algériens troubloient de plus en plus sur la Méditerannée, la France renouvelle à leur égard, dans cette campagne, le même châtiment que dans la précédente. *Duquesne* reçoit à Toulon l'ordre d'aller bombarder de nouveau le port d'Alger, et dès le 22 Juin cette place est déjà investie, ainsi qu'on le voit dans la planche XV. Avant cette expédition, ou la campagne de 1682, l'art de bombarder une ville du côté de la mer, ou l'usage des galiotes à bombes, étoit généralement inconnu ; cette découverte fut due au chevalier *Renaud*, officier instruit et des plus braves de la Marine françoise. Le temps n'ayant pas permis d'attaquer Alger sur le champ, l'ordre n'en put être donné que dans la nuit du 26. On commença à tirer à une heure après minuit et on jetta environ 90 bombes. La planche XVI représente la première décharge de cette nuit. Le 27, vers les 10 heures du matin, les galiotes s'avancèrent et jettèrent dans l'espace de deux heures, 127 bombes qui réussirent très-bien. Depuis le 28 Juin jusqu'au 20 Juillet, l'on entama avec les Algériens diverses négociations pour la paix, dans lesquelles ces derniers rendirent environ 600 esclaves françois ; mais le Dey ayant été tué dans ces circonstances, par une faction aux ordres de *Mezo-Morto* son principal officier de confiance dans la défense de la place et qui ne respiroit que la guerre, *Duquesne* se vit ainsi dans la nécessité de continuer ou de reprendre le bombardement de la ville. *Mezo-Morto* y regnoit et se préparoit déjà pour la plus vigoureuse *résistance*; dès le même jour on jetta des carcasses et ensuite des bombes, jusqu'au nombre de 240 de l'une et de l'autre espèce. Les Algériens tirèrent près de 1000 coups de canons dont il y eut 18 hommes tués sur une galère françoise et deux officiers sur les galiotes. La nuit du 22 au 23, on jetta encore 300 tant carcasses que bombes ; les Algériens tuèrent 14 hommes sur les galiotes et y blessèrent grièvement un officier.

Nous transcrirons ici la relation qui se lit dans l'histoire générale de la Marine. jusqu'à l'événement de M. de *Choiseul.*

On fit les mêmes manœuvres les nuits suivantes ; dans celles du 23 au 24 les Algériens allumèrent trois feux vis-à-vis de l'endroit où les galères et les galiotes étoient postées, ce qui leur donna lieu de pointer mieux leurs canons ; ils en tirèrent 7 à 800 coups. On perdit un garde-marine et 7 soldats ; M. de *Mornay* fut blessé dangereusement, aussi bien que dix autres soldats qui étoient dans les chaloupes ; un vaisseau ennemis fut coulé à fond dans le port, et un autre mis sur le côté. Le 27 on jetta 280 bombes en quatre heures, et les ennemis tirèrent 300 coups de canon sans qu'il y eut un seul françois ni tué ni blessé.

Jusque-là M. *Duquesne* n'avoit fait tirer que pendant la nuit ; mais ayant su qu'à la chûte du jour le peuple sortoit de la ville, et n'y rentroit qu'à la fin de la nuit, il fit tirer pendant la journée du 28, et les bombes tuèrent beaucoup de monde ; on continua pendant la nuit du 28 au 29 , et l'on apprit par un esclave mathois, qui s'étoit sauvé , que les bombes avoient ruiné tout un quartier de la ville, coulé à fond une galère, deux vaisseaux, un navire marchand et six barques, et que plus de 300 personnes y avoient été tuées. Mais à quelques extrémités que fussent réduits les corsaires, rien n'égaloit leur obstination : on ne recevoit de leur part aucunes propositions ; on apprit cependant le 3 Août, par un esclave, qui s'étoit échappé, qu'il y avoit dans la ville un gros parti contre *Mezo-morto*, que l'on en étoit venu aux mains, et qu'il y avoit eu beaucoup de personnes tuées de part et d'autre ; on espéra de les amener enfin à demander la paix , et on les bombarda plus vivement encore que l'on avoit fait auparavant. Après un orage, qui avoit duré plusieurs jours, le temps étant devenu calme le 7 Août, les galères se portèrent le matin près du mole, et elles y jettèrent 160 bombes. On tira de la ville environ 1,000 coups de canons, la galiote la menaçante en reçu une à fleur-d'eau, ce qui l'obligea de se retirer. L'après-midi l'on bombarda encore avec beaucoup de vigueur et de succès ; on coula à fond un vaisseau et l'on rompit le mât d'un autre.

Tant de pertes réitérées ne faisoient qu'augmenter la fureur dans laquelle les Algériens étoient contre les François ; ils en vinrent jusqu'à renouveller les cruautés de l'année précédente et recommencèrent à attacher à la bouche de leurs canons des esclaves françois, dont les membres étoient portés jusques sur la flotte. Cette barbarie donna lieu à un trait de générosité , que l'histoire ne doit point passer sous silence.

M. de *Choiseul* ayant été détaché quelques jours auparavant pour aller, avec une chaloupe qu'il commandoit, observer un petit bâtiment algérien, qui sembloit vouloir s'échapper du port ; l'obscurité de la nuit l'avoit malheureusement fait tomber parmi les vaisseaux ennemis, sa chaloupe avoit été enlevée et il avoit été fait prison-nier. Quoiqu'il fût officier de distinction, rien n'avoit pu le garantir du malheur qui arrivoit tous les jours à quantité d'esclaves françois ; il fut destiné à être attaché à la bouche d'un canon. Pendant que l'on le conduisoit au lieu où devoit se faire cette cruelle exécution, il fut reconnu par un capitaine algérien, que le chevalier de l'*Héry* avoit pris autrefois dans ses courses, et que lui et ses officiers, du nombre desquels étoit pour lors M. de *Choiseul*, avoient fort bien traité pendant tout le temps qu'il étoit prisonnier. L'Algérien touché de le voir dans cet état, fit tout ce qui dépendoit de lui pour que sa grace lui fût accordée ; il sollicita, il pressa avec instance, mais n'ayant pu rien obtenir, comme il vit qu'après l'avoir attaché , on alloit mettre le feu au canon, il se jetta sur lui à corps perdu, l'embrassa étroitement, et adressant la parole au cannonier, il lui dit : » tire » puisque je ne puis pas sauver mon bienfaiteur, j'aurai au moins la consolation » de mourir avec lui «. Le roi qui étoit présent à ce spectacle, en fut attendri, la générosité de l'officier exita la sienne, il fit grace à *Choiseul*.

Depuis le 9 Août jusqu'au 16, le feu fut assez également soutenu de part et d'autre ; on sut le lendemain, par un esclave hollandois qui se sauva de la ville, que *Mezo-Morto* avoit été estropié d'un éclat de bombe, que plusieurs vaisseaux avoit été coulés et que les bombes n'avoient fait de la ville qu'un tas immense de débris et de ruines. Les munitions de guerre étant alors fort diminuées sur la flotte françoise et la saison commençant à devenir dangereuse pour les galiotes, *Duquesne* se voit ainsi obligé de lever l'ancre et de se contenter, pour cette campagne, des dégats faits tant dans la ville que dans le port d'Alger, et de la délivrance de 600 esclaves qu'il ramenoit sur ses vaisseaux.

PLANCHES XVII, XVIII.

Bombardement de Gênes, par l'Armée navale de France aux ordres de Duquesne, *en 1684.*

Les Gênois, au mépris de leur alliance avec la France, entretenoient des intelligences avec l'Espagne et même avec les Algériens dont ils favorisoient les pirateries; on leur en demanda réparation, ils la refusèrent, ne pensant peut-être pas autant qu'il convenoit aux suites qu'une telle conduite pouvoit avoir.

Dès le mois d'Avril Louis XIV envoya devant Gênes une flotte composée de 14 vaisseaux de ligne, 30 galères, 10 galiotes à bombes et 8 bâtimens de charge commandés par *Duquesne*. Le Marquis de *Seignelay*, secrétaire d'état de la Marine étoit embarqué sur le vaisseau de ce général, pour traiter de nouveau avec les Gênois selon leur véritables intérêts et leur éviter la douleur de voir leur ville en proie aux bombes d'une flotte des plus redoutables.

Le 18 Avril le Sénat envoie six de ses membres abord de l'Ardent que *Duquesne* montoit. On leur déclare que la République n'a d'autres moyens d'éviter le siége dont son port est menacé, que celui d'envoyer quatre de ses principaux membres vers le Roi de France pour le prier d'oublier le passé; et qu'il falloit encore remettre aux François les quatre galères que les Gênois avoient construites pour le service de l'Espagne. Ces conditions étant mises sous les yeux du Senat par ses députés, recoivent pour toute réponse, une décharge de toute l'artillerie de la place sur l'Armée navale.

Comme tout étoit préparé du côté des François, ainsi qu'on le voit planche XVII, *Duquesne* fait faire le signal aux galiotes de tirer sur la ville; elles le font avec tant de promptitude et de succès, que deux heures après, on commença à voir le feu dans plusieurs palais. La planche XVIII offre ce tableau. Le 19 ces bâtimens vont s'amarer plus près de la ville, d'où continuant de tirer avec la plus grande vivacité, causent, dans divers points de la place, des désastres nouveaux; on apprit le 20, par deux vaisseaux anglois qui sortirent du port, qu'il y avoit environ 300 maisons de détruites et nombre de palais, entr'autres celui du Doge et celui de St-George, où étoit le trésor de la ville; que l'arsenal étoit entièrement brûlé aussi bien que le magasin général, rempli de très-riches marchandises qui périrent en même-temps.

Le 22 quelques mortiers ayant eu besoin d'être raccommodés, il fut résolu de cesser de tirer pendant quelque temps; la ville fit la même chose de son côté.

Pendant cette espèce de trève, *Seignelay* députa vers le Sénat l'Intendant-général de la flotte, pour le porter à prévenir les malheurs dont la ville étoit menacée. 500 bombes jettées en si peu de temps, et les ravages qu'elles avoient faits, mettoient la plus grande partie des Gênois dans la disposition où on les souhaitoit; mais ils avoient reçu dans leur ville 3000 Espagnols, dont les intrigues firent rejetter les propositions des François. Les députés par lesquels le Sénat fit porter sa réponse dirent: que les Gênois étoient fâchés d'avoir obligé le Roi de France de leur donner de si terribles marques de son mécontentement; faisant entendre en même-temps qu'ils n'étoient point en état de faire ce qui leur étoit demandé.

Sur cette réponse les galiotes recommencent à tirer; on dispose en même-temps les chaloupes des vaisseaux pour faire une descente le lendemain, et 2,800 hommes, divisés en trois corps, débarquent dès la pointe du jour devant le faux-bourg de St-Pierre d'Arène, afin d'obliger les Gênois à partager leurs forces; on fit aussi pendant la nuit une fausse attaque du côté de Bisagur. (Ces diverses opérations se voient dans nos Planches). Après une très-vigoureuse résistance de la part des assiégés, les François s'étant rendu maîtres du fauxbourg, leur premier soin est d'y mettre le feu, et en très-peu de temps il est entièrement comsumé. Les troupes se rembarquèrent ensuite dans les chaloupes pour regagner leurs vaisseaux.

Les 25, 26 et 27 on continua de tirer des bombes sur la ville; on en jetta pendant ces trois jours 3300 qui aggravèrent de plus en plus la perte des Gênois dans cette campagne; mais on ne voulut point porter les choses aux dernières extrêmités, et les ordres furent donnés le 28 pour se préparer au départ.

Louis XIV laissoit voir toujours le dessein d'envoyer l'année suivante une flotte semblable devant Gênes; mais le Sénat qui voyoit cette ville déjà abîmée et presque réduite en cendres par le bombardement qu'elle venoit d'essuyer, avoit enfin ouvert les yeux sur les véritables intérêts de la République; rien ne fut oublié de sa part pour ménager un accommodement avec la France : il se fit vers la fin de Février de l'année 1685. Le Doge, accompagné de quatre Sénateurs, vint à Versailles demander excuse au Roi; la République congédia les troupes espagnoles qu'elle avoit chez elle, et réduisit le nombre de ses galères sur l'ancien pied. Nous nous arrêterons à ces principaux articles de la paix de Gênes, le lecteur pouvant aisément voir, dans l'histoire même, les formes ou le cérémonial qu'on y observa.

PLANCHES XIX, XX, XXI.

Combat *à la hauteur de Beachy-Head, entre les Flottes combinées Anglaises, Hollandoise et de France, en 1690.*

La France ayant fait armer à Brest, vers le commencement de cette année, une flotte de 80 vaisseaux, qu'elle destinoit à ouvrir la campagne dans la Manche, sous les ordres du Comte de *Tourville*. Ce général lève l'ancre le 23 Juillet, et dirige sa route, en luttant un peu contre les vents, sur l'isle de Wight qu'il reconnoît le 2 Juillet suivant. La flotte angloise sortit le 4 de Ste. Hélène pour aller au-devant d'une escadre hollandoise qui venoit s'unir à celle du côté de Douvres; après cette jonction, que l'armée de France ne pouvoit empêcher, n'ayant pas le vent sur les Anglois, ceux-ci suivis de leurs alliés, viennent reprendre le mouillage de Ste. Hélène.

Le 10 Juillet, les flottes alliées sortent en ordre de bataille, toujours avec l'avantage du vent, ainsi que la planche XIX les représentent, avec la position de la flotte de France, dans ce premier mouvement exécuté entre l'Isle de Wight et le Cap-Ferlay ou Beachy-Head: (cette position est marquée à la planche V de ce recueil). La même planche exprime les évolutions des deux armées vers la fin de l'action ou le commencement de la déroute de la flotte combinée, après un feu des plus vifs de part et d'autre, depuis neuf heures du matin jusqu'au soir. Mais les Hollandois s'étant fort approchés de la ligne Françoise se trouvèrent très-désemparés au moment de la retraite. Le vent toujours contraire au comte de *Tourville* ne lui permit pas de poursuivre long-temps l'ennemi, regagnant les côtes d'Angleterre à la bordée. La planche XX représente seulement le centre de l'armée françoise dans cette circonstance ; le vaisseau le plus apparent de ce sujet est celui du général, ayant été dessiné fidèlement d'après les modèles conservés dans le dépôt de la Marine.

Le 11 Juillet, le vent ne cessant pas d'être contraire aux François le jussant les ayant en même-temps très-écarté de l'ennemi pendant la nuit, par leur négligence à laisser tomber leurs ancres comme il l'avoit fait, cette journée et la suivante sont néanmoins employées à joindre avec assez de succès l'armée combinée. Enfin celle-ci met elle-même le feu à ses vaisseaux les plus désemparés, n'ayant plus que ce moyen de les empêcher de tomber au pouvoir des vainqueurs ; mais les plus gros pelotons de sa flotte ayant été atteints près la côte par les meilleurs voiliers de l'armée de *Tourville*, ils s'y firent échouer en très-grande partie. Les François brûlèrent alors ceux que les Anglois n'eurent pas le temps de livrer eux-mêmes aux flammes; c'est ce qu'on a représenté dans la planche XXI. *Tourville* étant resté maître du champ de bataille et ayant jetté l'ancre dans la rade du Havre, détache, vers le 4 Août, quelques galères qui lui étoient venues de Brest pour faire une descente à Tingmouth, sous les ordres du Comte *Destrées* : cette dernière expédition coûta encore aux Anglois une frégate et plusieurs navires marchands qui furent brûlés. Ces différens succès mirent le comble à la gloire que les François acquirent dans cette campagne.

En 1692, les alliés prirent leur revanche sur les François, toujours commandés par *Tourville*, au combat de la Hogue; leurs forces réunies consistoient en 80 Vaisseaux, la flotte françoise n'en avoit que 11. Malgré cette inégalité, *Tourville* qui étoit muni de l'ordre d'attaquer les alliés, fort ou foible, les rencontre et arrive sur eux avec l'avantage du vent à la demie portée du canon. La ligne françoise, par la vivacité de son feu et la justesse de ses mouvemens, tient la victoire

PLANCHES XXII, XXIII.

Prise *de Carthagène des Indes, par l'Escadre françoise aux ordres de* Pointis, *en 1697.*

Dans la guerre que Louis XIV soutenoit depuis 1689 contre toute l'Europe réunie, le siége de Carthagène fut une des plus brillantes expéditions de la marine françoise; l'on y employa 12 vaisseaux de guerre, une galiote à bombes et quelques bâtimens de transport auxquels plusieurs navires flibustiers se joignirent en Amérique. Cette escadre, armée à Brest aux frais d'une compagnie, se présente à l'entrée de la baye de Carthagène, le 14 Mars, et met des troupes à terre, ainsi qu'on le voit dans la planche XXII. Le débarquement étoit favorisé par le feu que deux vaisseaux et la galiote à bombes faisoient en même-temps contre le fort Boucachique du côté de la mer; cette précaution procura aux troupes l'avantage de surprendre le fort à revers et de s'en rendre maître en moins de 24 heures, ou à la flibustière, si cette expression peut nous être permise; la garnison composée de 200 hommes fut faite prisonnière de guerre. *Pointis* ne trouvant plus d'obstacles pour faire entrer son escadre dans la baye de Carthagène, donne incontinent l'ordre à ses vaisseaux d'avancer, indiquant en même-temps les côtés que les flibustiers occuperoint, afin de s'emparer du couvent de Notre-Dame de la Poupe poste imposant pour attaquer le fort St. Lazare (voyez la planche XXII): Deux jours après il marche au au fort Ste. Croix qu'il trouve abandonné; il garnit ce poste sur-le-champ, et fait embarquer ses troupes pour aller joindre les flibustiers qui étoient déjà maîtres de Notre-Dame de la Poupe; mais comme elles ne pouvoient défiler sans passer à la portée du canon de Carthagène, afin de les garantir de ce danger, il va avec un détachement de grenadiers sommer le gouverneur de se rendre, et fait durer la conférence tout le temps qu'il jugea nécessaire pour qu'elles se missent en sûreté. Il les rejoint bientôt, et s'étant approché du fort St. Lazare, il fait dresser des batteries.

indécise pendant un engagement de 10 heures; mais la nuit faisant cesser le combat laisse en même-tems les vaisseaux de *Tourville* un peu écartés les uns des autres par la nécessité où ces bâtimens s'étoient trouvés durant l'action de s'étendre beaucoup, afin de pouvoir égaler toujours le front de bataille des alliés. Ceux-ci, profitant de l'incident ainsi que du vent qui étoit en même-tems passé de leur côté, engagent un nouveau combat aussi-tôt que le retour du soleil sur l'horison le leur permet, et coupant la ligne françoise en plusieurs endroits avec une grande facilité, il ne reste plus à *Tourville* que la ressource de redoubler son feu et de se défendre jusqu'à la dernière extrémité; il essuie enfin à la Hogue un échec semblable à celui qu'il avoit fait éprouver aux alliés en 1690 à Beachy. L'Histoire n'offre guères d'exemple de combat plus vif et plus glorieux aux deux partis à la fois que celui de cette journée.

L'on a publié à Londres, de nos jours, une très-belle estampe sur le combat de la Hogue, mais elle n'exprime pas la tactique ou les principaux mouvemens des armées dans cette journée. Les Marins n'y voient guères qu'une simple rencontre de chaloupes avec quelques vaisseaux que le feu consume. Ce sujet est néanmoins si pittoresque et si habillement dessiné, qu'il sera toujours recherché par les artistes, les gens de goût et toutes les personnes qui cultivent un peu la peinture ou les beaux-arts.

de canon et de mortiers, et place les flibustiers sur une petite hauteur qui commandoit le fort. Le feu de l'artillerie et celui des flibustiers qui ne manquoient presque jamais leur coup, intimide tellement la garnison que se révoltant contre son commandant qui vouloit tenir jusqu'à l'extrémité, elle le tue, abandonne le fort, et se retire dans la ville. Les approches de ce fort qui avoient été brusquées, coûtèrent quelque monde.

Il ne restoit plus qu'à former le siége de Carthagène, et c'est à quoi M. de *Pointis* travailla sans délai. Il fit d'abord camper ses troupes dans le fort St. Lazare et l'Imaine; mais les voyant trop maltraitées par le canon de la place il les retira et les mit à couvert derrière le fort; lui-même en voulant reconnoître la place de trop près, il fut blessé d'un coup de mousquet qui lui découvrit l'estomac d'une épaule à l'autre. En attendant qu'il fût guerri, M. de *Léry* prit le commandement, et fit dresser trois batteries, deux de six pièces de canon, et une de trois, avec un mortier; on plaça aussi dans le fort quatre pièces de canon, on fit des épaulemens pour les mortiers, et la galiote à bombes s'approcha de la ville. Tous ces préparatifs étant achevés le 27, on commença à battre la ville avec tant de succès que le feu de l'ennemi, qui jusqu'alors avoit été très-vif, diminua considérablement, ce qui fit juger qu'ils avoient plusieurs pièces démontées; la porte de l'Imaine, quoique soutenue par des arcs-boutans et une infinité de pierres, fut mise à bas, et le 30 la brèche fut jugée praticable : on ne pouvoit cependant y monter qu'à la file, et il s'y trouva des difficultés qui auroient rebuté des troupes moins valeureuses. La tranchée n'avoit pas été poussée assez avant, il fallut marcher à découvert jusqu'au fossé que l'on passa sur des planches, parce que les ennemis avoient rompu le pont-levis. Le fossé étant franchi, on se trouva exposé au canon du bastion de Ste. Catherine qui battoit de front et tiroit à mitrailles; malgré le ravage qu'il fit, on passa outre et on monta sur la brèche. Elle n'étoit défendue que par la garde ordinaire, les Espagnols s'étant retirés dans des guérites, pour se mettre à couvert de la Mousquetterie des François, sur qui ils faisoient en sûreté un feu très-vif. Lorque l'on fut monté sur la brèche, on eut à combattre les lanciers. C'étoit des gens armés de grosses lances de 12 à 15 pieds de long, qu'ils lançoient de la distance de 15 pieds, avec tant de force et d'adresse qu'ils ne manquoient presque jamais leur coup. Quoiqu'ils fussent en grand nombre, on les dissipa bientôt; on chassa les ennemis de tous leurs postes, et on les poursuivit si chaudement, faisant main-basse sur tout, que si l'on eût eu encore une heure de jour, on seroit entré dans la ville avec eux. *

Le fauxbourg de l'Imaine ayant été ainsi forcé, la ville ne tarda pas à se rendre. Les Espagnols épouvantés du carnage qui s'étoit fait dans cette action, sans considérer les forces qui leur restoient, ni les 80 pièces de canon qui défendoient leurs remparts, sans faire même attention à la foiblesse des François diminués considérablement en

---

* La Planche XXIII représente cette attaque, dessinée du point de vue indiqué sur la carte de la Baye, Planche XXII.

nombre et extrêmement fatigués, après deux vains efforts qu'ils firent pour regagner le fauxbourg qu'ils avoient perdu, arborèrent le drapeau blanc le 2 Mai, et capitulèrent. M. de *Pointis* leur accorda les honneurs de la guerre, et le gouverneur sortit le 4, à la tête de 1,600 hommes, tambour battant mêche allumée, avec deux petites pièces de canon. M. de *Pointis* entra aussi-tôt dans la ville, et après avoir été à la Cathédrale chanter le *Te Deum*, en actions de graces, il s'appliqua à ramasser toutes les richesses qu'il devoit emporter. Son premier dessein avoit été de conserver la place pour le Roi; mais la maladie s'étoit mise dans ses troupes, elle lui emportoit tous les jours beaucoup de monde, et il fut contraint de penser sérieusement au retour. Ainsi il fit embarquer les cloches, les canons de fonte et le butin qu'il avoit amassé. Ce butin, tant en or et argent qu'en pierreries, montoit à la valeur de douze ou treize millions, sans compter ce que les officiers et les soldats gardèrent secrétement pour eux. Toutes ces choses ayant été transportées dans les vaisseaux, les troupes s'embarquèrent; on fit sauter le fort St-Lazare, on ruina celui de Boucachique, et le premier Juin, l'escadre fit voile pour la France.

Selon la même relation, Cette escadre fut rencontrée quelques jours après son départ, par une flotte anglaise très-supérieure, mais qui ne put l'empêcher de poursuivre sa route jusqu'à Brest, où il arriva le 29 Août, sans avoir fait d'autres pertes que celle d'une flûte chargée d'un millier.

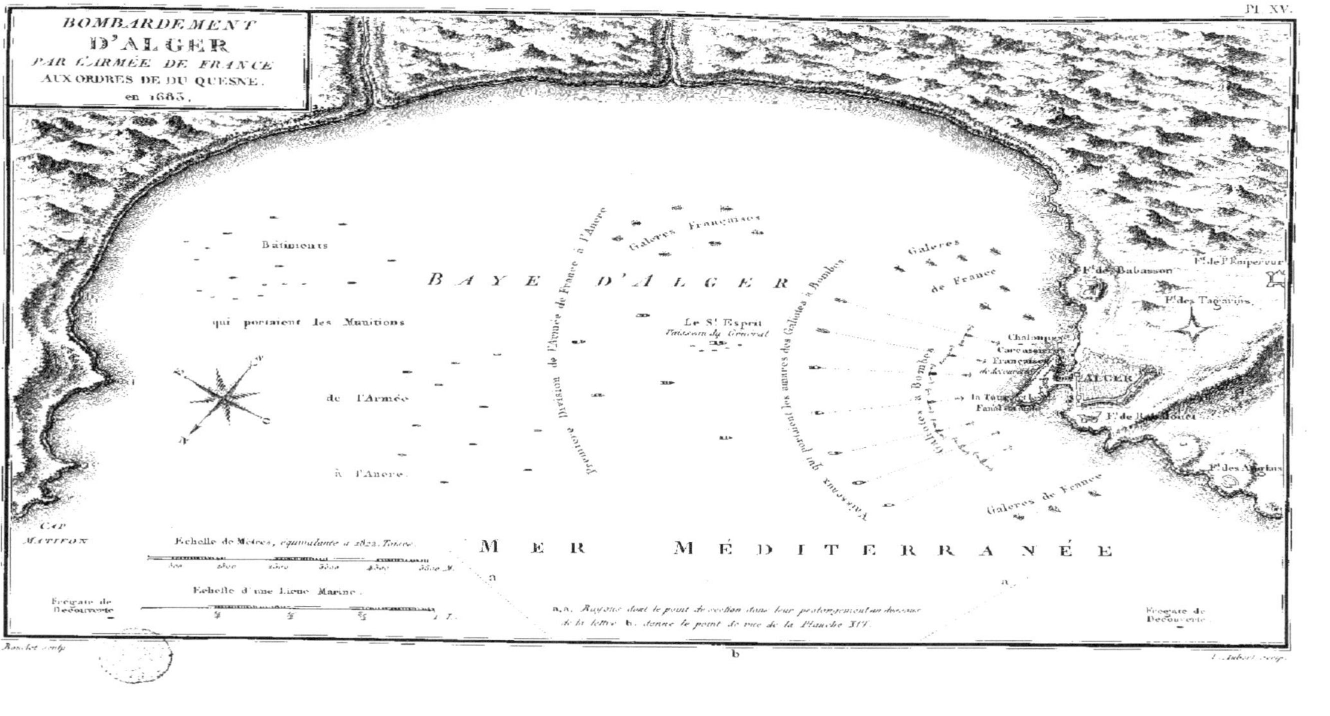
Pl. XV.
BOMBARDEMENT D'ALGER PAR L'ARMÉE DE FRANCE AUX ORDRES DE DU QUESNE. en 1683.
BAYE D'ALGER
MER MÉDITERRANÉE
CAP MATIFON
Bâtimens qui portaient les Munitions de l'Armée à l'Ancre.
Première Division de l'Armée de France à l'Ancre.
Le St Esprit Vaisseau du Général
Galeres Françaises
Galeres de France
Galeres à Bombes
Vaisseaux qui portaient les amares des Galiotes à Bombes
Galeres de Femme
Ft de Babasson
Ft de l'Empereur
Ft des Tagarins
ALGER
Chaloupes Carcasses Françaises de découverte
la Tour et Fanal du Môle
Ft de Ratichoux
Ft des Anglais
Echelle de Mètres, equivalante a 1822 Toises.
Echelle d'une Lieue Marine.
Frégate de Découverte
a.a. Rayons dont le point de section dans leur prolongement au dessous de la lettre b. donne le point de vue de la Planche XVI.
Bouchet sculp.
L. Aubert Direx.

BOMBARDEMENT D'ALGER.

par la Flotte Française aux ordres de Duquesne, en 1683.

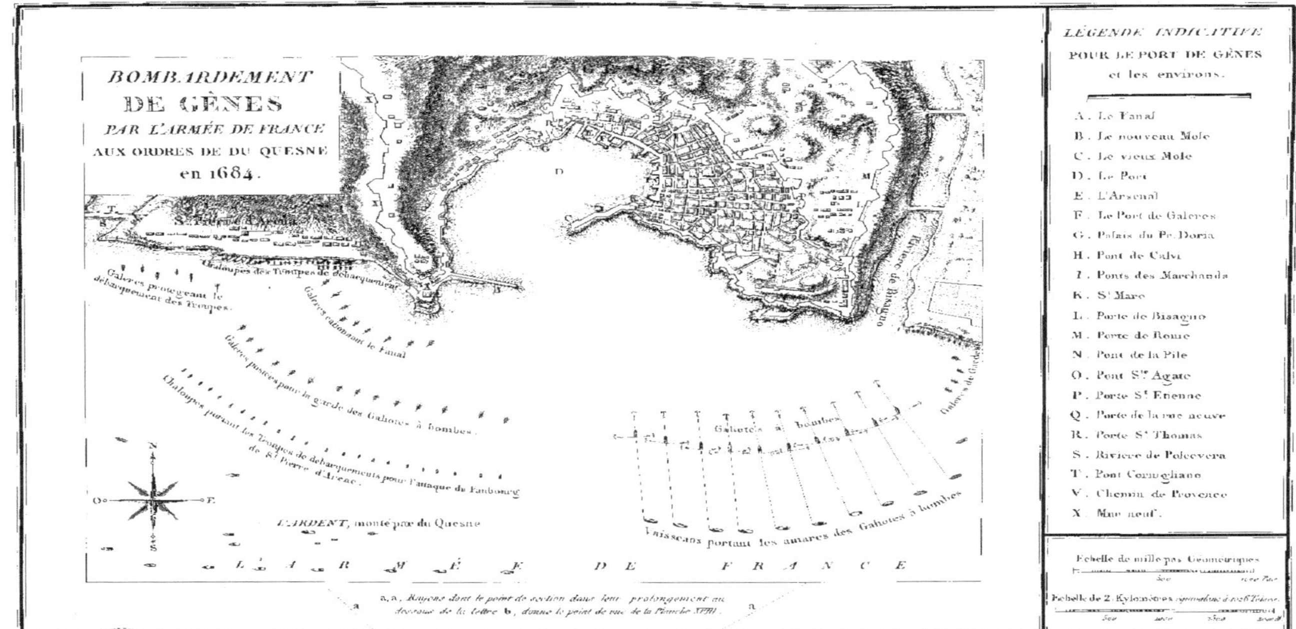

BOMBARDEMENT
DE GÊNES
PAR L'ARMÉE DE FRANCE
AUX ORDRES DE DU QUESNE
en 1684.
S.t Pierre d'Arena
Galeres protegeant le débarquement des Troupes.
Chaloupes des Troupes de débarquement.
Galeres canonnant le Fanal
Galeres postées pour la garde des Galiotes à bombes.
Chaloupes portant les Troupes de débarquement pour l'attaque du Fauxbourg de S.t Pierre d'Arena.
L'ARDENT, monté par du Quesne
Galiotes à bombes
Vaisseaux portant les amares des Galiotes à bombes
Galeres de Garde
Riviere de Bisagno
D
N
O
E
S
Oo
E.
L' A R M É E   D E   F R A N C E
a, a, Rayons dont le point de section dans leur prolongement au dessous de la lettre b, donne le point de vue de la Planche XVIII.
a
a
b
Bouclet sculp.
L. Aubert scrips.

LÉGENDE INDICATIVE
POUR LE PORT DE GÊNES
et les environs.

A . Le Fanal
B . Le nouveau Mole
C . Le vieux Mole
D . Le Port
E . L'Arsenal
F . Le Port de Galeres
G . Palais du P.e Doria
H . Pont de Calvi
I . Ponts des Marchands
K . S.t Marc
L . Porte de Bisagno
M . Porte de Rome
N . Pont de la Pile
O . Pont S.t Agate
P . Porte S.t Etienne
Q . Porte de la rue neuve
R . Porte S.t Thomas
S . Riviere de Polcevera
T . Pont Cornegliano
V . Chemin de Provence
X . Mur neuf.

Echelle de mille pas Geometriques
500   1000 Pas
Echelle de 2 Kylomètres equivalent à 1026 Toises.
500   1000   1500   2000 M

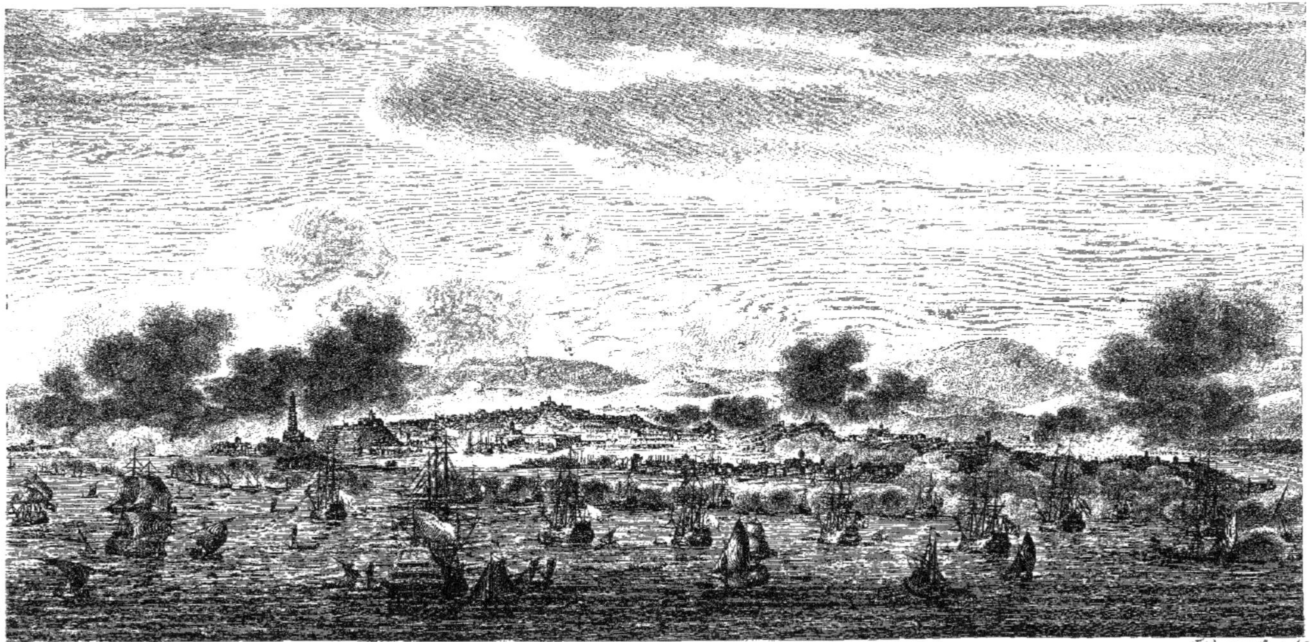

N. Ozanne Del.

F. Dequevauviller sculp.

BOMBARDEMENT DE GÊNES,

par l'Armée navale de France aux ordres de Du Quesne, en 1684.

COMBAT
de 1690.
A LA HAUTEUR
DE BEACHY
OU DU CAP FERLAY

Echelle de 3000 Toises de France.
500   1000   1500   2000   2500   3000 T.

Lettres indicatives pour la position des Armées avant et pendant le Combat.

A,B,C,D, Position du Corps de Bataille et de la deuxieme division de l'Armée de France avant le combat.

E, F, Position de la troisieme division de la ligne française se trouvait alors.

a, a, Ligne des Alliés dans le même moment.

G, H, Ligne de Bataille des Français formée dans l'ordre renversé par la position ou chaque division se trouva vers le moment ou les Alliés qui étaient au vent arrivèrent sur elles ainsi que la ligne a a l'exprime.

b, b, Position des Alliés pendant le combat.

I, K, Ligne Française a la fin de l'action ou vers le premier moment de la deroute des Alliés.

c, c, Position ou les Alliés se trouvaient alors.

Lignes qui expriment les mouvements des français pour se mettre en bataille.
Lignes des mouvements de l'armée des Alliés pour le même objet.

L'ARMÉE COMBINÉE D'ANGLETERRE ET DE HOLLANDE.

Vaisseaux Hollandais commandées par Heverzen.
Vaisseaux Hollandais commandés par Venternlen.
Vaisseaux Anglois aux ordres d'Herbert commandant l'Armée.

Division Française aux ordres de Chateaurenault.

Corps de Bataille aux ordres de Tourville commandant l'Armée.

Division commandée par d'Estrées.

ECHELLE de cinq Kylometres répondant à 2500 Toises.
1   2   3   4   2500 Mètres.

L. Aubert sculpsit.

1.ᵉ VUE DU COMBAT DE BEACHY-HEAD

Entre les Flottes combinées d'Angleterre, de Hollande et celle de France commandée par de Tourville en 1690.

III.e VUE DU COMBAT DE BEACHY-HEAD.

Entre les Flottes combinées d'Angleterre, de Hollande, et celle de France commandée par de Tourville en 1690.

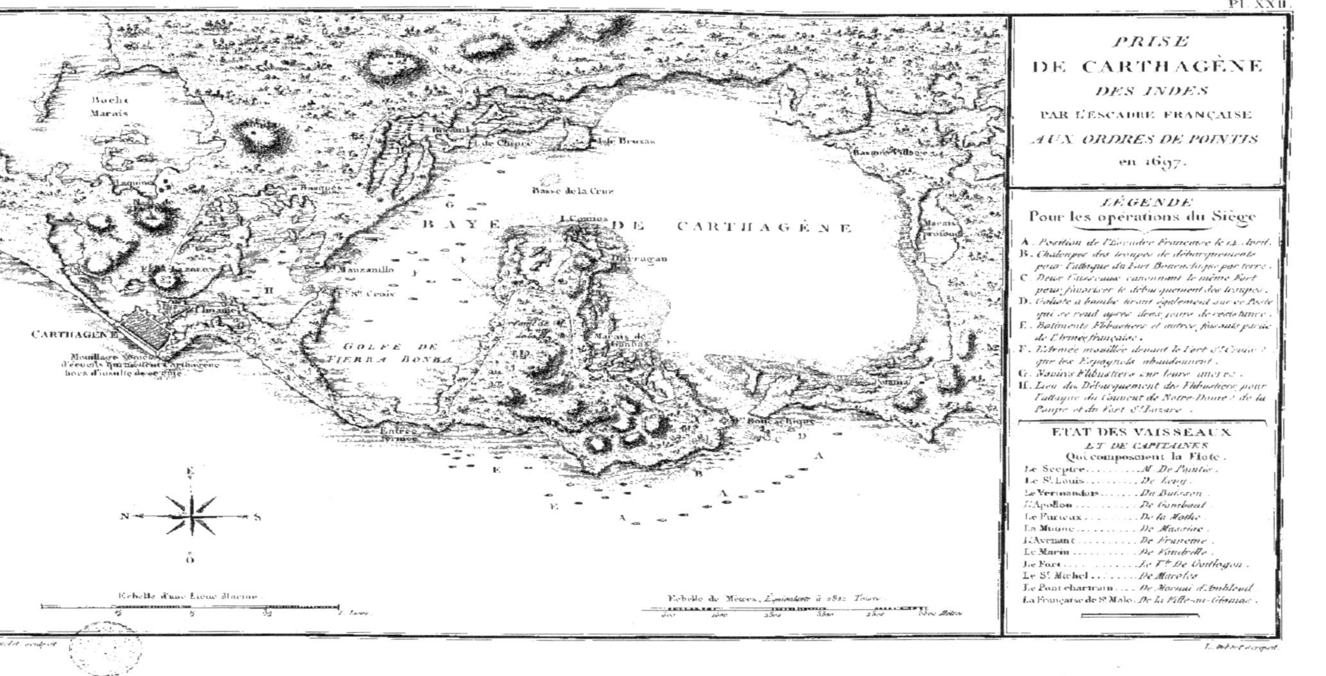

Echelle d'une Lieue Marine

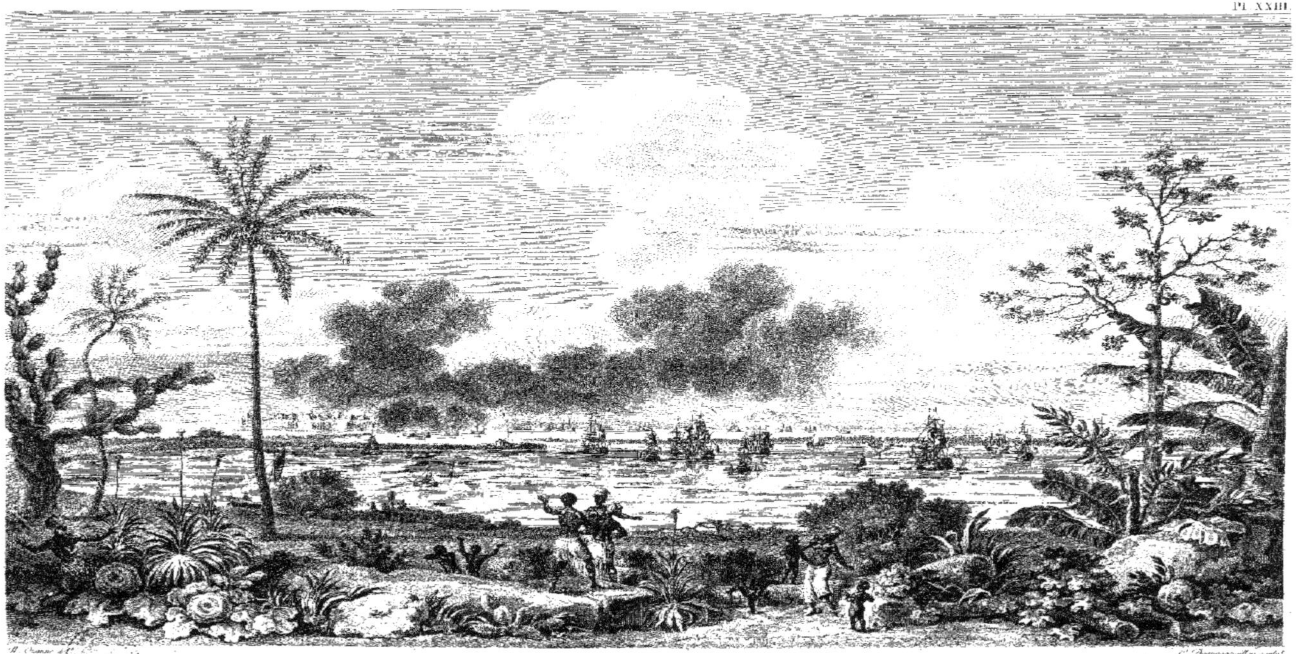

PRISE DE CARTHAGÈNE DES INDES.

par l'Escadre Française aux ordres de Pointis en 1697.

RECUEIL

DE COMBATS ET D'EXPÉDITIONS

MARITIMES,

Considérés comme Exemples mémorables des progrès de la
Tactique et de l'Art de construire les Vaisseaux chez les
Puissances maritimes de l'Europe dans les deux derniers siècles.

CONTENANT

Des Vues perspectives et pittoresques de ces Combats, les Plans particuliers
des Continens, Isles et Ports, à la vue desquels ils ont eu lieu ; le texte explicatif
de chaque sujet, et des remarques concernant le style ou les principes à suivre
dans les Dessins de Batailles pour l'intelligence de l'Histoire.

En 74 Planches, dont 24 Cartes.

Gravé par DEQUEVAUVILLER, *d'après les Dessins de*
N. OZANNE, *ancien Ingénieur de la Marine.*

Imprimé sur Papier Vélin superfin, de Johannot d'Annonay.

1me LIVRAISON. puy 32 ƀ

A PARIS,

Chez Dequevauviller, Graveur, rue Ste-Hyacinthe, près la Place
St-Michel, N°. 530.

De l'Imprimerie de Clousier, rue de Sorbonne.

PLANCHE XXIV.

Prise d'un vaisseau de guerre hollandois, devant Ostende, par les galères de France aux ordres du bailli de la Pailleterie en 1702.

Depuis 1751, époque de la célèbre bataille de Lépante, à l'entrée du golfe de Vénise, les galères n'ont guères été employées qu'à la suite des armées navales ou dans les expéditions légères, du genre de celle qui fait le sujet de cette planche, c'est ce qui nous a permis de représenter ces bâtimens d'une manière plus sensible et plus développée qu'on ne le pourroit faire dans le tableau d'une action générale.

Comme les galères ne peuvent se hasarder à combattre les vaisseaux de ligne que par un temps calme, le bailli *de la Pailleterie* profite ici d'une circonstance semblable, pour joindre un vaisseau hollandois qui se trouve en même-temps à la vue d'une escadre de sa nation, également immobile par le défaut de vent. Ce navire, obligé de se rendre aux françois & de céder à la supériorité du nombre, fut conduit le même jour dans le port d'Ostende; on le nommoit *la Licorne*; il avoit 220 hommes d'équipage et portoit 56 canons en batterie: la perte sur le vaisseau hollandois fut de 48 hommes tués ou blessés.

PLANCHES XXV, XXVI.

Attaque des galions d'Espagne et d'une escadre françoise à Vigo par la flotte combinée d'Angleterre et de Hollande en 1702.

Depuis 1700, époque où Philippe V fut placé sur le trône d'Espagne, la France étant devenue l'alliée naturelle de cette puissance, envoya à son secours une forte escadre au devant de la flotte de la Havane, afin d'en protéger le retour en Europe, où les ennemis des deux couronnes avoient alors une armée formidable. Comme les vaisseaux de la Havane et l'escadre françoise, commandée par *Chateau-Regnault*, s'approchoient ensemble de nos mers, ce général jugeant qu'il étoit à propos d'éviter la vue de l'ennemi pour sauver la flotte, fit la proposition au commandant des galions, de gagner les ports de France, moins environnés de vaisseaux anglois que ceux de l'Espagne; mais cette sage mesure n'ayant point été goutée, l'escadre françoise se vit contrainte d'entrer, avec la flotte espagnole, dans le port de Vigo, et de s'y retrancher aussi bien qu'il fut possible pour résister aux alliés en cas d'attaque. Ceux-ci quittoient alors la baie de Cadix avec le chagrin d'avoir déjà perdu beaucoup de monde dans une vaine entreprise contre ce port. Ayant appris que la flotte de la Havane venoit d'entrer à Vigo, ils s'y rendirent en diligence. On voit dans la planche XXV leurs divers mouvemens pour l'attaque des galions, avec les dispositions faites par *Chateau-Regnault* pour la défense des mêmes bâtimens. La planche XXVI représente le moment le plus décisif de l'attaque, c'est-à-dire celui où après une vigoureuse résistance de la part des assiégés, ils sont forcés de céder à la supériorité du nombre et de brûler eux-mêmes leurs vaisseaux dans la crainte de tomber au pouvoir de l'ennemi. Avant son apparution, on avoit eu le temps de faire descendre à terre une grande partie de l'argent des galions et de le transporter dans l'intérieur du pays.

Le lendemain de l'expédition, 23 octobre, l'armée des alliés satisfaite de ce dernier succès remet en mer et fait voile vers ses ports ; elle étoit composée de 70 vaisseaux de ligne, de 20 frégates, de quantité d'autres bâtimens aux ordres de l'amiral *Rooke* et du lieutenant *Allemonde*. (Cette relation est tirée de l'histoire générale de la marine.)

PLANCHES XXVII, XXVIII.

ATTAQUE et prise de Gibraltar par la flotte combinée d'Angleterre et de Hollande en 1704.

L'ARCHIDUC *Charles* ayant été reconnu roi d'Espagne par l'Angleterre et la Hollande, ces deux puissances équipèrent en sa faveur une flotte composée de 60 vaisseaux de ligne et de plusieurs navires de transport contenant 3,000 hommes de troupes de débarquement. Cette armée commandée par l'amiral *Rooke*, ayant sous ses ordres *Showel, Jean Liake* et *Calembourg*, entra dans la Méditerranée vers le milieu du mois de mai. L'Archiduc étoit sur la flotte; on fit une descente sur la côte de Barcelonne, afin de détacher cette ville du parti de Philippe V, mais le peu de succès de cette tentative fit bientôt lever l'ancre à toute l'armée, qui se rendit devant Gibraltar. Les amiraux instruits que la garnison de ce poste, que la nature a rendu si redoutable par sa situation, ne montoit pas alors à 200 hommes, en ordonnent l'attaque le 3 août, et cette entreprise hardie fut conduite avec tant de vigueur qu'en moins de trois jours ils se virent maître de la place qui, depuis cette époque, est toujours resté à l'Angleterre. Les principales opérations de ce siège se voient dans la planche XXVII; elles sont représentées en perspective dans la planche XXVIII.

PLANCHES XXIX, XXX, XXXI.

Combat de Malaga en 1704, entre l'armée navale de France commandée par le comte de Toulouse, et la flotte combinée d'Angleterre et de Hollande aux ordres de l'amiral Rooke.

L'ARMÉE navale de France composée de 49 vaisseaux de ligne, 34 galères, plusieurs frégates et autres bâtimens de suite, ayant fait voile du port de Toulon dans le commencement du mois d'août, et dirigeant sa route vers le détroit de Gibraltar, apperçut, dans la journée du 24 au matin, la flotte des alliés faisant de son côté vent arrière pour la joindre; le combat s'engagea vers les dix heures, le vent étant toujours resté contraire à l'armée françoise. Ce combat dura jusqu'à la fin du jour, avec une telle chaleur de part et d'autre que les flottes, également désemparées, se virent forcées de se retirer chacune de leur côté. Les alliés avoient jetté quantité de bombes, dont plusieurs vaisseaux françois furent très-maltraités; nous ne connoissons pas dans l'histoire d'autres batailles rangées où l'on ait fait des galiotes à bombes l'usage que les anglois en firent dans cette journée. L'armée françoise et celle des alliés employèrent la nuit et le jour suivant à se réparer; le soir, les vents ayant tourné à l'ouest, la flotte combinée se retira vers la côte de barbarie. Le comte de *Toulouse* prit à minuit la même route, afin de rejoindre quelques vaisseaux désemparés qui n'avoient pu le suivre et se maintenir au vent des ennemis. Par cette manœuvre les deux armées se trouvèrent assez près l'une de l'autre. Si le comte de *Toulouse* avoit eu connoissance de ce que l'armée combinée avoit souffert dans l'action, et s'il avoit pu savoir qu'il ne leur restoit de poudre que pour dix coups par pièce de canon, il auroit sans doute recommencé le combat; mais il ne pensa qu'à ramener son armée vers les côtes d'Espagne et delà dans les ports de France. *

Le point de rencontre des deux flottes est indiqué sur la petite carte qui se voit dans la planche XXIX; cette planche offre également les principales positions des mêmes flottes dans la bataille, c'est-à-dire les mouvemens relatifs à l'engagement de l'action et la ligne de combat. Ces deux momens de la bataille sont exprimés en perspective dans les planches XXX et XXXI; la XXIX offre de plus, à côté de la légende, les plans particuliers sur les divisions de chaque flotte et les noms des officiers généraux qui les commandoient.

---

* La prise de Gibraltar par la flotte combinée, expédition où elle avoit dû employer beaucoup de poudre et de boulets, étoit néanmoins assez récente pour que le comte *de Toulouse* pût soupçonner l'ennemi de manquer de ces munitions importantes après le combat de Malaga, où il ne les avoit pas épargnées davantage.

Nota. Dans le journal de Londres du premier septembre 1745, il est parlé de l'état de la flotte des alliés après le combat dont il est ici question. Cette feuille, à l'article de l'interrogatoire de l'amiral *Mathews* sur le combat de Toulon en 1744, contient l'observation suivante sortie de la bouche de ce général.

» M. *Decourt*, qui commandoit les françois au combat de Toulon, étoit déjà
» capitaine en second sur le vaisseau amiral, lors du combat de Malaga en 1704. Le
» comte *de Toulouse* lui ayant demandé à la fin de l'action ce qu'il en pensoit? M.
» *Decourt* répondit à M. l'amiral : *Voyez, Monsieur, ces dix vaisseaux anglois*
» *qui ont cessé de tirer; il faut qu'ils soient bien incommodés ou qu'ils manquent*
» *de poudre.* Ceci étoit vrai, mais des gens peu expérimentés empêchèrent seuls M.
» l'amiral de pousser les anglois «.

Cette réflexion de l'amiral *Mathews* est une preuve de l'attention avec laquelle la marine angloise observe sans cesse la conduite des officiers employés par les puissances rivales.

Aux yeux de tout marin impartial, la conduite de ce général au combat de Toulon offrira toujours de grandes leçons de tactique et d'intrépidité. Ce combat ne sera pas oublié dans notre collection, il fera partie de la sixième livraison. Le rival de gloire de *Mathews* à cette bataille, le sage et courageux *Decourt* eut également de grandes amertumes à essuyer de la part de l'ignorance et de la présomption, toujours promptes à calomnier le vrai mérite.

PRISE D'UN VAISSEAU DE GUERRE HOLLANDOIS DEVANT OSTENDE,

par les Galères de France aux ordres du Bailly de la Pailleterie en 1702.

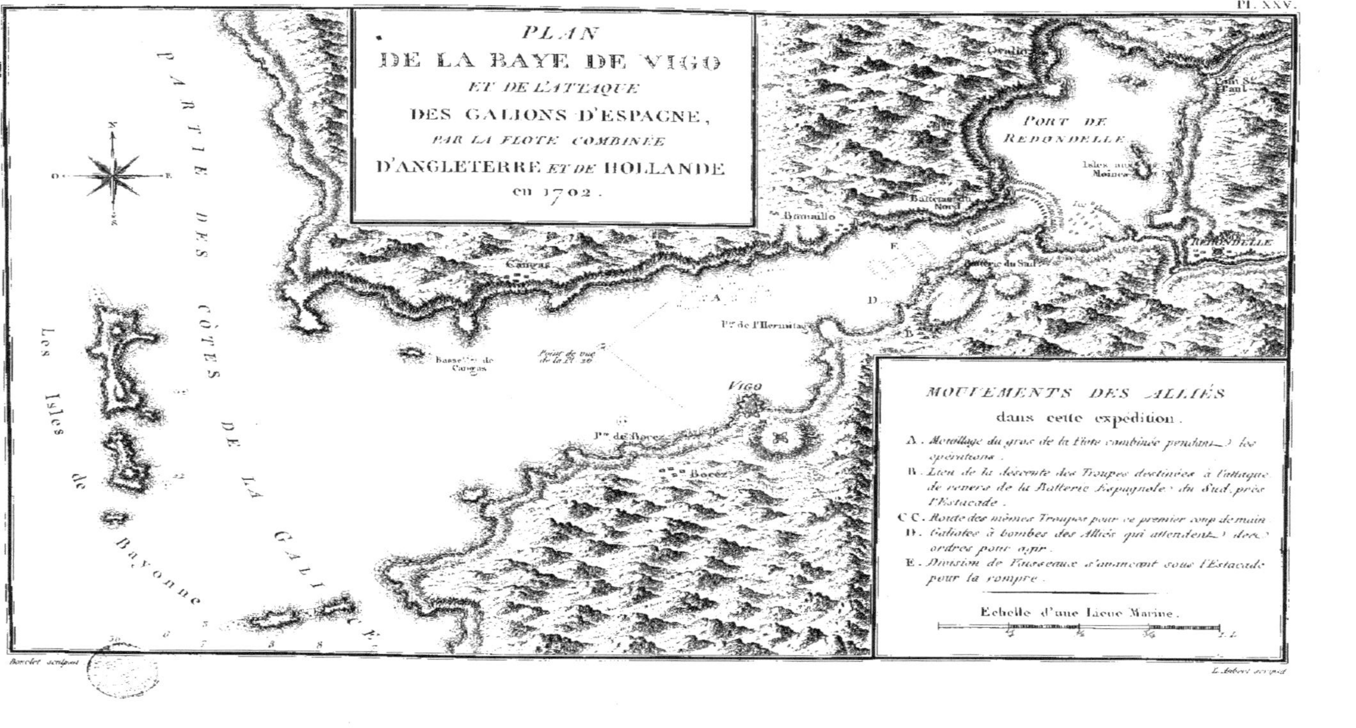

PL. XXV.

PLAN
DE LA BAYE DE VIGO
ET DE L'ATTAQUE
DES GALIONS D'ESPAGNE,
PAR LA FLOTE COMBINÉE
D'ANGLETERRE ET DE HOLLANDE
en 1702.

PARTIE DES CÔTES DE LA GALICE.
Les Isles de Bayonne
Cangas
Basse Isle de Cangas
Point de vue de la Pl. 26
VIGO
Pte de l'Hermitage
Pte de Bœez
Bœez
Bamaillo
Batterie Nord
Batterie du Sud
Isles aux Moines
PORT DE REDONDELLE
REDONDELLE
Fort St Paul
A
B
C
D
E
F

MOUVEMENTS DES ALLIÉS
dans cette expédition.

A . Mouillage du gros de la Flote combinée pendant les opérations .
B . Lieu de la descente des Troupes destinées à l'attaque de revers de la Batterie Espagnole du Sud, près l'Estacade .
C C . Route des mêmes Troupes pour ce premier coup de main
D . Galiotes à bombes des Alliés qui attendent des ordres pour agir .
E . Division de Vaisseaux s'avançant sous l'Estacade pour la rompre .

Echelle d'une Lieue Marine .

Bonclet sculpsit
L. Aubert scripsit

ATTAQUE DES GALIONS D'ESPAGNE ET D'UNE ESCADRE FRANÇAISE À VIGO,

par la Flotte Combinée d'Angleterre et de Hollande en 1702.

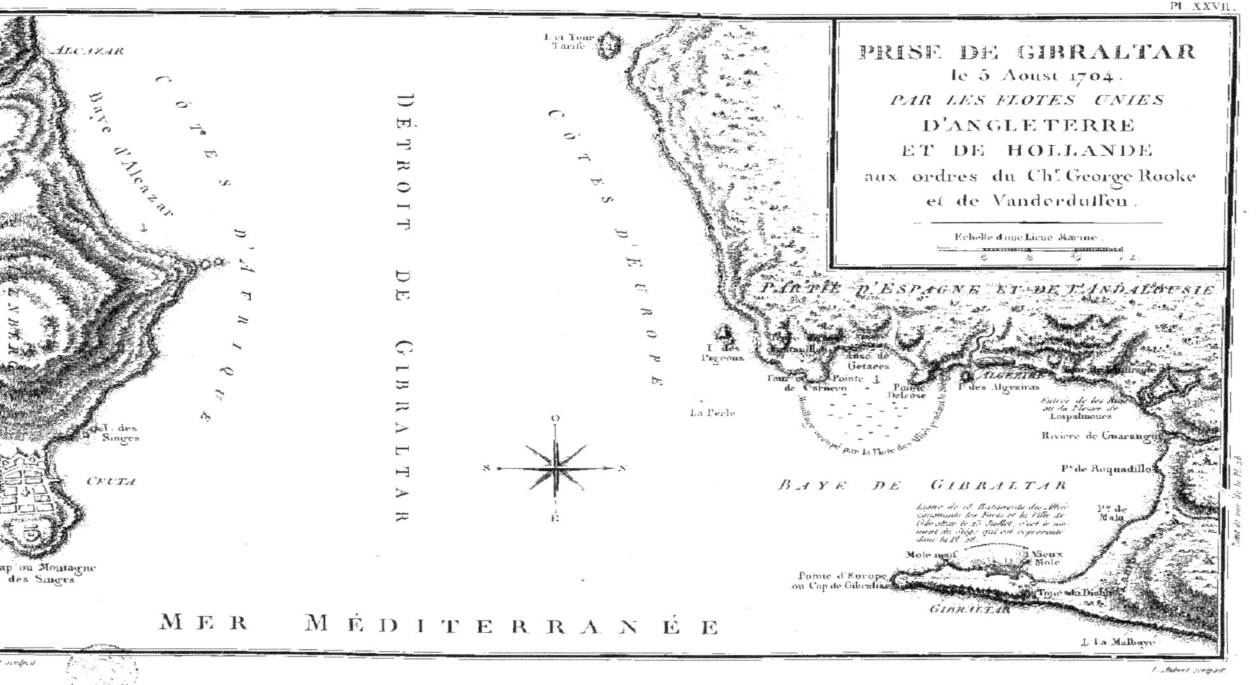
PRISE DE GIBRALTAR
le 5 Aoust 1704.
PAR LES FLOTES UNIES
D'ANGLETERRE
ET DE HOLLANDE
aux ordres du Ch: George Rooke
et de Vanderdussen.
Echelle d'une Lieue Marine.
ALCAZAR
Baye d'Alcazar
CÔTES D'AFRIQUE
CÔTES D'EUROPE
DÉTROIT DE GIBRALTAR
CÔTES D'EUROPE
T. des Singes
CEUTA
Cap ou Montagne des Singes
MER MÉDITERRANÉE
I. et Tour Tarife
PARTIE D'ESPAGNE ET DE L'ANDALOUSIE
I. des Pigeons
Tour et Pointe de Carnero
Pointe Delrose
P. des Algeziras
Getares
ALGEZIRAS
Entrée de los Rios ou du Fleuve de Lospalmones
Rivière de Guarangui
La Perle
Mouillage occupé par la Flote des Alliés pendant le Siege
BAYE DE GIBRALTAR
P. de Roquadillo
P. de Mala
Ligne de 18 Batiments des Alliés canonante les Forts et la Ville de Gibraltar le 25 Juillet, c'est le moment du Siège qui est représenté dans la Pl. 28.
Mole neuf
Vieux Mole
Pointe d'Europe ou Cap de Gibraltar
Tour du Diable
GIBRALTAR
I. La Malbaye
O
S
N
E
Bouchet sculpsit.
I. Aubert sculpsit.
Tom. 36. bis. de la Pl. 38

PRISE DE GIBRALTAR.

par la Flotte Combinée d'Angleterre et de Hollande en 1704.

COMBAT NAVAL

du 30 Aoust 1704

ENTRE L'ARMÉE NAVALE

DE FRANCE

COMMENDÉE PAR LE C.ᵉ DE TOULOUSE,

ET LA FLOTE COMBINÉE

D'ANGLETERRE ET DE HOLLANDE

aux ordres

DU CH.ᵉʳ GEORGE ROOKE ET CALLINBERG.

à la vue

DE VELEZ MALAGA.

CARTE INDICATIVE DU CHAMP DE BATAILLE.

Medina Sidonia — ESPAGNE — Velez Malaga — Ronda — CADIX — Cowil — Algezir — Gibraltar — C. Trafalgar — DETROIT DE GIBRALTAR — C. Spartel — Ceuta — Tanger — Tetouan — CÔTES D'AFRIQUE — Salé

COMBAT NAVAL de 1704. L'Armée de France / Flote des Alliés

Flèche qui exprime la direction du Vent.

Echelle de 20 Lieues Marines.

CARTE MILITAIRE, expliquée à la Colonne des mouvements qui est sur la droite, mais on doit d'abord jeter un regard sur les figures que l'on voit à côté qui expriment la force des Armées.

PREMIERE POSITION DES ARMÉES étant en présence.

DEUXIEME POSITION.

Arriere garde — Corps de Bataille — Avant garde — Vent du Vent — Point de Vue de la Pl. 30 — Point de Vue de la Planche 30

Echelle de la Carte Militaire.

ORDRE DE BATAILLE DE L'ARMÉE NAVALE DE FRANCE.

Arriere garde composée de 17 Vaisseaux aux ordres de M.ᵈᵉ De Langeron.

Corps de Bataille composé de 16 Vaisseaux aux ordres du C.ᵗᵉ de Toulouse Amiral de France.

Avant garde composée de 16 Vais.ˣ aux ordres du M.ᵈᵉ De Vilene.

ORDRE DE BATAILLE DE LA FLOTE COMBINÉE D'ANGLETERRE ET DE HOLLANDE.

Arriere garde composée de 20 Vaisseaux Hollandais aux ordres de Callinberg.

Corps de Bataille composé de 18 V.ˣ aux ordres du Ch.ʳ George Rooke.

Avant garde composée de 27 Vais.ˣ en deux divisions aux ordres des Ch.ʳˢ Cloud, Shovel et Jean Leake.

MOUVEMENTS DES ARMÉES.

Premiere Position,

A B. L'Armée Navale de France en Bataille sous le vent dans l'ordre naturel

a a. La Flote des Alliés arrivant sur la ligne Française pour engager le combat

La Planche représente ce mouvement vu à vol d'oiseau vers la tête des Armées.

Deuxieme Position,

C D. Moment où tous les Vaisseaux de chaque partie se serrent et s'entrechargent vivement. Ceux des Alliés sont indiqués par les lettres b b.

La Planche représente ce combat vu à vol d'Oiseau vers la queue des Armées.

N.ᵃ Les Frégates, les Brulots et autres bâtiments de suite ne sont pas représentés sur la Carte Militaire où nous nous sommes renfermés. On trouve néanmoins quelques descriptions de ces bâtiments de suite dans le texte explicatif de la Bataille.

Les Vaisseaux-Pavillon du Commendant de chaque division son représenté ainsi dans la Carte Militaire.

PL. XXX

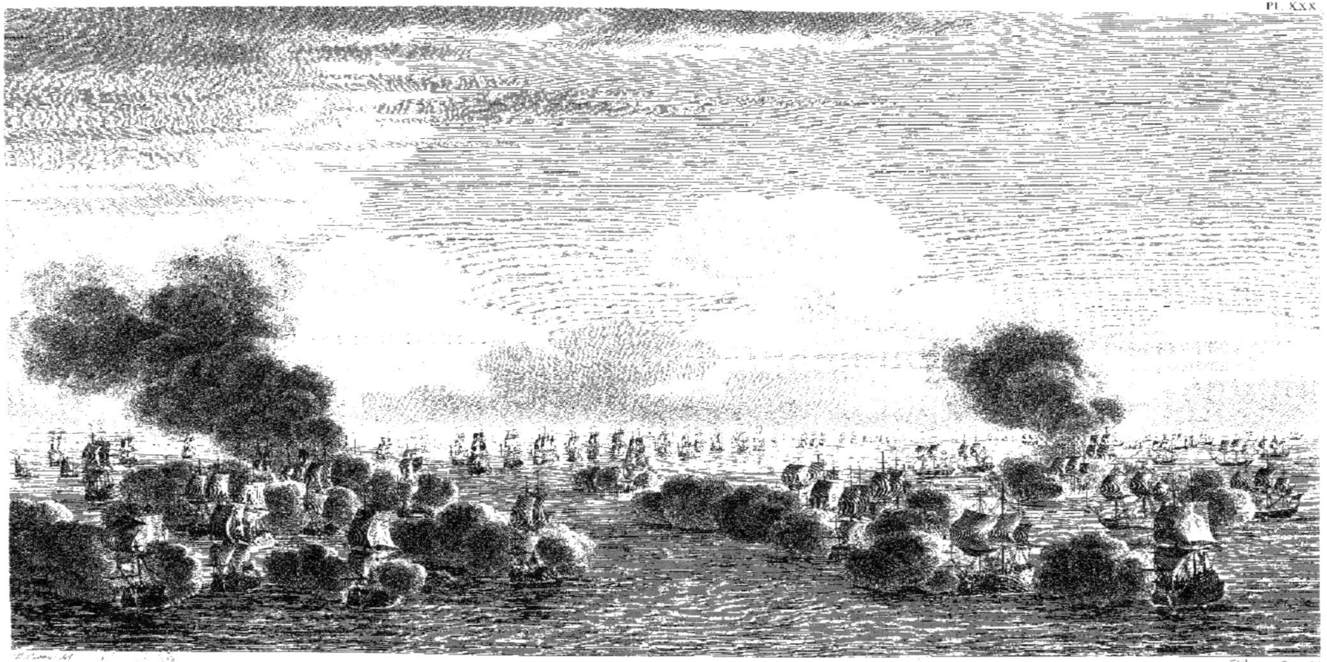

Iʳᵉ POSITION DU COMBAT DE MALAGA

Entre l'Armée navale de France, commandée par le Comte de Toulouse et la Flotte combinée d'Angleterre et de Hollande, aux ordres de l'Amiral Rooke, en 1704.

III.ᵉ POSITION DU COMBAT DE MALAGA.

Entre l'Armée navale de France, commandée par le Comte de Toulouse et la Flotte combinée d'Angleterre et de Hollande, aux ordres de l'Amiral Rooke en 1704.

R·E·C·U·E·I·L

DE COMBATS ET D'EXPÉDITIONS

M A R I T I M E S,

Considérés comme Exemples mémorables des progrès de la Tactique et de l'Art de construire les Vaisseaux chez les Puissances maritimes de l'Europe dans les deux derniers siècles.

CONTENANT

Des Vues perspectives et pittoresques de ces Combats, les Plans particuliers des Continens, Isles et Ports, à la vue desquels ils ont eu lieu ; le texte explicatif de chaque sujet, et des remarques concernant le style ou les principes à suivre dans les Dessins de Batailles pour l'intelligence de l'Histoire.

En 74 Planches, dont 24 Cartes.

Gravé par DEQUEVAUVILLER, d'après les Dessins de N. OZANNE, ancien Ingénieur de la Marine.

Imprimé sur Papier Vélin superfin, de JOHANNOT d'Annonay.

5.me *LIVRAISON composée de 8 planches*
prix 32 t

A P A R I S,

Chez DEQUEVAUVILLER, Graveur, rue Ste-Hyacinthe, près la Place St-Michel, N°. 530.

De l'Imprimerie de CLOUSIER, rue de Sorbonne.

déposée à la Bibliothèque Nationale

PLANCHES XXXII ET XXXIII.

Prise à l'abordage du vaisseau anglois le Cumberland, et embrasement du Devonshire à l'entrée de la Manche, en 1707.

Ne pouvant décrire ce combat d'une manière plus expressive ou plus instructive que dans les mémoires de *Dugay-Trouin*, nous en transcrirons ici la relation de ce célèbre guerrier. (Il montoit le Lis, de 74 canons, étoit accompagné de l'Achille, de 66 canons, du Jason, de 54, de la Gloire, de 40, de l'Amazone, de 36, et du Maure, navire de Saint-Malo, de 50 canons.) Sorti de Brest avec le Comte *de Forbin*, commandant une escadre semblable, il s'exprime ainsi.

« Après avoir resté trois jours sans rien rencontrer, il me parut que M. *de Forbin* faisoit route du côté de Dunkerque, lieu de son désarmement. Il étoit déjà éloigné de moi d'environ quatre lieues, lorsque je remarquai qu'il changeoit sa manœuvre et sa route. Je jugeai qu'il avoit fait quelque découverte, et courant de ce côté, j'aperçus effectivement une flotte, qui me parut être de deux cents voiles, et vraisemblablement celle dont M. le Comte *de Ponchartrain* nous avoit prévenu. Le jour commençoit à paroître ; je crus devoir m'approcher de M. *de Forbin* pour concerter ensemble la manière d'attaquer cette flotte, et je me pressois de le joindre ; mais ayant vu, chemin faisant, qu'il avoit arboré pavillon de chasse, je mis aussitôt toutes mes voiles au vent, et chassai sur la flotte. La légèreté de mon escadre, carénée de frais, me fit devancer M. *de Forbin* d'environ une lieue ; et je n'étois plus qu'à une bonne portée de canon de cette flotte, quand il s'avisa, au grand étonnement de tous, de venir en travers, et de prendre un ris dans ses huniers, par un temps où nous aurions pu porter perroquets sur perroquets. L'esprit de subordination, dont j'ai toujours été plus jaloux que qui que ce soit, me fit, contre mon gré, imiter cette manœuvre, qui seule nous fit manquer l'entière destruction de cette importante flotte. Elle étoit rassemblée sous le vent de cinq gros vaisseaux anglois, qui nous attendoient rangés sur une ligne. Le vaisseau le Cumberland, de quatre-vingt-deux canons, qui étoit le commandant, s'étoit placé au milieu ; le Devonshire, de quatre-vingt-douze canons, à la tête, et le Royal Oak, de soixante-seize, à la queue ; le Chester et le Rubis, de cinquante-six à cinquante-quatre canons chacun, étoient matelots de l'avant et de l'arrière du Cumberland. Ils nous prirent d'abord, à ce qu'ils nous ont dit depuis, pour une troupe de corsaires rassemblés, dont ils ne faisoient pas grand cas. Mais nous n'eûmes pas plutôt mis en travers, qu'ils connurent qui nous étions, à la séparation de nos vaisseaux et à la hauteur de leurs œuvres mortes. L'affaire leur parut sérieuse, et le commandant fit signal, dans l'instant, aux bâtiments de transports de se sauver comme ils pourroient par différentes routes, d'où il est aisé de conclure, que si nous les eussions attaqués, sans nous amuser inutilement à prendre des ris, ils étoient tous indubitablement perdus, et que par conséquent les projets formés par les puissances alliées contre la Maison de France, pour achever de conquérir l'Espagne, se seroient trouvés dès-lors entièrement renversés, d'autant plus que l'Archiduc et le Roi de Portugal attendoient, avec la plus grande impatience, ce convoi que la Reine d'Angleterre leur envoyoit, pour les soulager un peu dans l'extrême détresse où ils étoient, et surtout le premier, depuis la bataille d'Almanza, qu'il avoit perdue quelques mois auparavant ».

« Impatients de voir que M. *de Forbin* ne se pressoit pas d'arriver, et réfléchissant que la journée s'avançoit beaucoup, puisqu'il étoit près de midi et que nous étions à la fin du mois d'Octobre, je fis signal à tous les vaisseaux de mon escadre, de venir me parler les uns après les autres. J'ordonnai à M. le Chevalier *de Beauharnois* d'aborder le Royal Oak, à M. le Chevalier *de Courserac* d'aborder le Chester, à M. *de la Moinerie Miniac* d'aborder le Rubis ; et comme je me réservois le Cumberland, je donnai ordre à M. *de la Jaille* de me suivre avec la Gloire, et de venir me jeter une partie de son équipage, aussitôt qu'il m'y verroit accroché, afin de me trouver, par ce renfort, plus en état de secourir les vaisseaux de mon escadre que je verrois pressés, ou même ceux de l'escadre de M. *de Forbin* qui pourroient être assez hardis pour oser se mesurer avec le Devonshire. Mais aussi comme il y avoit de l'équité à songer un peu aux intérêts de mes armateurs, et prévoyant que nous trouverions assez de difficultés à soumettre les vaisseaux de guerre, pour n'être pas en état de prendre et d'amariner les vaisseaux de transport, je chargeai M. le Chevalier *de Nesmond*, qui commandoit la frégate l'Amazone, la meilleure de mon escadre, de donner au milieu de la flotte, pourvu cependant qu'aucun des vaisseaux du Roi ne se trouvât dans le cas d'avoir un besoin pressant de son secours ».

« Ces ordres donnés, j'arrivai sur les ennemis, et faisant coucher tout mon équipage sur le pont, je donnai mon attention à bien manœuvrer. J'essuyai d'abord, sans tirer, la bordée du Chester, matelot de l'arrière du Cumberland, ensuite celle du Cumberland, qui fut des plus vives. Je feignis dans cet instant de vouloir plier ; il donna dans le piége ; et ayant voulu arriver pour me tenir sous son feu, je revins tout-à-coup au vent et par ce mouvement son beaupré se trouva engagé dans mes grands haubans, avant que de lui avoir riposté d'un seul coup de canon ; en sorte que toute mon artillerie, chargée à double charge, et ma mousqueterie, l'enfilant de l'avant à l'arrière, ses ponts et ses gaillards furent dans un instant jonchés de morts. Aussitôt M. *de la Jaille*, mon fidèle compagnon d'armes, s'avança avec la Gloire pour exécuter ce que je lui avois ordonné ; mais ne pouvant m'aborder que très-difficilement, par rapport à la position où il me trouva, il eut l'audace d'aborder le Cumberland, même de long en long (1). Il est vrai qu'il rompit son beaupré sur la poupe de mon vaisseau, dans le même moment que l'ennemi achevoit de rompre le sien dans mes grands haubans. Alors ceux de mes gens que j'avois nommés pour sauter à l'abordage du Cumberland, s'efforcèrent de pénétrer à son bord ; mais très-peu y réussirent, à cause de son beaupré rompu, qui rendoit l'approche de ce vaisseau aussi difficile que dangereuse. MM. *de la Calandre, Debloye* et *Dumenaye*, officiers sur la Gloire, furent les premiers qui s'élancèrent dedans, à la tête de quelques vaillants hommes. Ils tuèrent et mirent en fuite ce qui restoit d'anglois sur le pont et sur les gaillards, et se rendirent les maîtres du vaisseau ; alors voyant qu'ils me faisoient signe avec leurs mouchoirs, et que l'on baissoit le pavillon anglois, je fis cesser le feu, et j'empêchai qu'il ne sautât un plus grand nombre de mes gens à bord. Au même instant je fis pousser au large, pour me porter dans les lieux où je pourrois être de quelque utilité ».

« M. le Chevalier *de Beauharnois*, qui montoit l'Achille, avoit abordé de son côté, avec toute l'audace possible, le Royal Oak, et ses gens s'étant présentés pour sauter à l'abordage, il étoit près de s'en rendre maître, lorsque le feu prit dans son vaisseau à des gargousses pleines de poudre. Ses ponts et ses gaillards en furent enfoncés, et plus de cent hommes y perdirent la vie. Il fit pousser au large et fut assez heureux pour éteindre cet embrasement, après bien du travail ; mais pendant ce temps-là, le Royal Oak, dont le beaupré se trouvoit rompu, avoit profité de l'occasion, et s'étoit servi de toutes ses voiles pour se sauver ».

« M. le Chevalier *de Courserac*, qui commandoit le Jason, aborda aussi le Chester, et ses grappins s'étant rompus, les deux vaisseaux se séparèrent. M. le Chevalier *de Nesmond*, qui le suivoit sur l'Amazone, voulut en profiter et aborder à son tour ce vaisseau anglois ; mais n'ayant pas modéré sa course assez à temps, il le dépassa malgré lui ; alors M. *de Courserac* revint dessus et l'enleva à ce dernier abordage ; ce qui fit prendre à M. *de Nesmond* le parti d'exécuter l'ordre que je lui avois donné de fondre au milieu de la flotte, et il s'empara d'un assez grand nombre de ces bâtiments de transport ».

« Le Maure, commandé par M. *de la Moinerie Miniac*, avoit suivant sa destination abordé le Rubis, et dans le temps même qu'il y étoit accroché, M. le Comte *de Forbin* vint à toutes voiles donner de son beaupré sur la poupe de cet anglois qui se rendoit. M. *de Forbin* prétendit que c'étoit à lui qu'il s'étoit rendu, quoiqu'il n'eût pas jeté un seul homme à son bord. Cette prétention lui fit d'autant moins d'honneur, que le témoignage des anglois ne lui étoit pas favorable, et que

---

(1) C'est le moment qui est représenté dans la Planche XXXII de notre Recueil.

ce brave général auroit pu trouver, s'il l'avoit voulu, des occasions plus glorieuses d'exercer son courage ».

« Aussitôt que j'eus fait pousser mon vaisseau au large du Cumberland, j'examinai avec attention la face du combat ; ma première pensée fut de courir sur le Royal Oak, que je voyois fuir en très-mauvais état, et que j'aurois certainement enlevé d'emblée, sans beaucoup de danger et sans effusion de sang : cette action m'auroit peut-être fait plus d'honneur que le combat sanglant que je rendis contre le Devonshire. Je crois pouvoir avancer hardiment que dans cette occasion l'intérêt de ma gloire céda à un motif plus généreux. Je vis que M. le Chevalier *de Tourouvre*, qui commandoit le Blak-Owal, vaisseau de cinquante-quatre canons de l'escadre de M. *de Forbin*, osoit attaquer le Devonshire, qui en portoit quatre-vingt-douze, et que, suivi du Salisbury, monté par M. *Bart*, il s'avançoit pour l'aborder, avec une intrépidité héroïque. Je remarquai même qu'il avoit déjà brisé son beaupré sur la poupe de ce gros vaisseau, dont le feu, infiniment supérieur, et l'artillerie formidable, hachoient en pièces ces deux pauvres vaisseaux. Touché de cet exemple de valeur, je volai au secours de ce brave Chevalier, et je pris la résolution d'aborder de long en long le Devonshire. J'avois déjà prolongé ma civadière, j'étois sur le point de l'accrocher, quand je vis sortir de sa poupe une fumée si épaisse, que la crainte de brûler avec lui me fit le battre à portée du pistolet jusqu'à ce que j'eusse vu ce commencement d'incendie éteint. Il me seroit difficile de tracer une peinture sensible du feu terrible de canon et de mousqueterie que j'en essuyai pendant trois quarts d'heure, attendant toujours que la fumée de sa poupe fût un peu ralentie pour l'aborder ; il me mit, dans cette attente, plus de trois cents hommes hors de combat. Enfin, désespéré de voir périr tous mes gens l'un après l'autre, je me résolus, à tout événement, de l'accrocher, et fis pousser mon gouvernail à bord. Déjà nos vergues commençoient à se croiser, lorsque M. *de Brugnon*, l'un de mes lieutenants, qui commandoit la mousqueterie et la manœuvre, vint précipitamment me faire remarquer que le feu, qui s'étoit fomenté dans la poupe du Devonshire, se communiquoit à ses haubans et à ses voiles de l'arrière : frappé d'un danger si pressant, je fis à l'instant changer la barre de mon gouvernail, appareiller tout ce qui me restoit de voiles, détachant des officiers pour aller sur le bout des vergues couper avec des haches mes manœuvres, qui étoient embarrassées avec celles de l'ennemi. A peine m'en étois-je éloigné de la portée du pistolet, que le feu se communiqua de l'arrière à l'avant de ce gros vaisseau avec tant de violence, qu'il fut consumé en moins d'un quart d'heure. Tout son équipage périt au milieu des flammes et des eaux, à l'exception de trois de ses matelots, qui se trouvèrent après l'affaire, à bord de mon vaisseau, où ils étoient passés de vergues en vergues, lorsqu'ils s'aperçurent du motif qui me faisoit abandonner mon abordage avec tant

de

de précipitation. Ils m'assurèrent qu'il y avoit plus de mille hommes dans ce vaisseau qui portoit, outre son équipage, plus de trois cents officiers ou soldats passagers. Je n'eus pas de peine à le croire, vu la vivacité avec laquelle son canon et sa mousqueterie étoient servis » (1).

« Après ce sanglant combat, mon vaisseau resta tellement délabré, que je fus deux jours entiers sans pouvoir remuer. Le corps du vaisseau, les mâts, les voiles, les manœuvres, tout étoit haché ; le gouvernail l'étoit de même, par deux balles barrées de trente-six livres : j'étois dans une affreuse perplexité, ne sachant ce que les autres vaisseaux étoient devenus ; chacun d'eux avoit pris le parti de se rallier ou de poursuivre les débris de cette flotte. Je savois seulement que le Royal Oak s'étoit sauvé, ayant bien remarqué que M. *de Forbin* n'avoit pas jugé cette conquête digne de son attention. J'avoue que si j'eusse été capable de me repentir d'une bonne action, et si je n'avois pas eu présente l'utilité qui devoit en revenir au Roi d'Espagne, j'aurois eu quelque regret d'avoir laissé échapper un si beau vaisseau, qui étoit, pour ainsi dire, en mes mains, et d'avoir été me faire hacher en pièces, pour avoir la douleur de voir périr mille infortunés d'un genre de mort aussi affreux : le souvenir de ce spectacle effroyable me fait encore frémir d'horreur ».

« Avant que de finir le récit de ce combat, je ne puis m'empêcher de parler de l'action d'un de mes contre-maîtres, qui sauta le premier à bord du Cumberland, par-dessus son beaupré rompu, et qui pénétra à son pavillon de poupe pour le baisser. Il étoit occupé à en couper la drisse quand il vit quatre soldats anglois, qui s'étoient tenus ventre à terre, s'avancer sur lui le sabre haut. Dans ce péril imprévu, il conserva assez de jugement pour jeter à la mer le pavillon anglois, et pour s'y lancer ensuite lui-même ; il eut aussi la présence d'esprit de ramasser le pavillon dans l'eau et de gagner à la nage une chaloupe que le Cumberland avoit à la remorque ; il en coupa le cablot, et se servant d'une voile qu'il trouva dedans, il arriva vent arrière et se rendit dans cet équipage à bord de l'Achille, qui étoit resté en travers sous le vent pour se rétablir du désordre où son abordage l'avoit mis ».

« Ce vaillant homme fut avancé et obtint en même temps la plus glorieuse marque de distinction de son grade : il s'appeloit *Honorat Toscan* ».

---

(1) Cet incendie est représenté dans la Planche XXXIII de notre Recueil.

PLANCHE XXXIV.

Combat de l'intrépide Cassard, *sur la Méditerranée, en* 1709.

Cassard habile et vaillant officier montoit l'Éclatant, de 60 canons, et escortoit 26 bâtiments Marseillois chargés de blés pour leur ville, qui éprouvoit une très-grande disette de vivres, lorsqu'il fut rencontré le 29 Avril, à la vue de Porto-Farina, en Barbarie, par 15 vaisseaux de guerre anglois, qui convoyoient la flotte de Smirne.

Son courage et son intrépidité lui font dédaigner de chercher son salut dans la fuite; il ne s'occupe que du soin d'éloigner sa flottille marchande, et dès qu'il la voit hors d'atteinte et de tous dangers, il se présente fièrement au feu de l'ennemi; mais le sien est si terrible et sa manœuvre si habile, qu'il lui démâte deux vaisseaux et en coule un troisième à fond.

Après douze heures de combat, dont tous les instants attestent le génie et la bravoure extraordinaires de *Cassard*, les anglois sont enfin obligés de le quitter: il entre à Porto-Farina pour réparer son vaisseau qui étoit fort maltraité, et reçoit des habitants qui avoient été témoins de l'action, tous les témoignages d'estime dûs à sa valeur, avec les divers secours qui dépendoient d'eux. Sa petite flotte, qui s'étoit réfugiée dans le même port, y est également jointe par le vaisseau le Sérieux, qui reçoit à l'instant de *Cassard* l'ordre de se rendre avec elle à Marseille, l'Éclatant n'étant pas alors en état d'achever cette mission avec la célérité qu'exigeoit le salut de cette ville.

Aussitôt que son vaisseau est réparé, *Cassard* remet à la voile et se rend à Toulon avec deux prises qu'il fait dans la traversée. Delà il revient à Marseille, où il avoit lieu d'espérer le remboursement des avances qu'il avoit faites dans cette campagne pour l'armement de l'Éclatant et du Sérieux, pour sauver ce port de la plus affreuse famine. Mais ni son zèle pour l'État, ni les résultats glorieux de son service, ne lui valurent jamais aucune espèce de dédommagement. Après de nouvelles expéditions maritimes, où sa valeur et son désintéressement se montrèrent également, il se vit réduit à passer ses derniers jours dans l'infortune. (Voyez la vie de ce héros, publiée par *Richer.*)

Beaucoup moins favorisé du côté de la figure que de celui du cœur, *Cassard* avoit un dehors très-insignifiant, et en outre des plus négligé; lorsque *Duguay-Trouin* le rencontra à Versailles, son extérieur annonçoit même l'indigence : circonstance qui donna lieu au trait que nous allons rapporter.

Le vainqueur de Rio-Janeiro se trouvant avec des personnes de la Cour qui s'étonnoient de l'avoir vu s'entretenir avec *Cassard: C'est*, leur dit-il, *le plus grand homme de mer que la France ait maintenant, c'est* Cassard *, et je donnerois toutes les actions de ma vie pour une des siennes. Il n'est pas connu ici,* ajouta-t-il, *mais il est craint et redouté chez les Portugais, chez les Anglois et chez les Hollandois, dont il a ravagé les possessions en Afrique et en Amérique : avec un seul vaisseau, il faisoit plus qu'une escadre entière.*

PLANCHES XXXV, XXXVI ET XXXVII.

P*RISE de* Rio-Janeiro *par l'escadre Françoise aux ordres de* Duguay-Trouin, *en* 1711.

C*E* siége mémorable étant déjà exposé, dans le Mémoire de *Duguay-Trouin*, d'une manière aussi exacte qu'instructive, nous croyons ne pouvoir mieux faire que d'en transcrire fidèlement la relation , avec la description des lieux, relative à cet événement.

« La baie de Rio-Janeiro est fermée par un goulet, d'un quart plus étroit que celui de Brest ; au milieu de ce détroit est un gros rocher, qui met les vaisseaux dans la nécessité de passer à portée du fusil des forts, qui en défendent l'entrée des deux côtés. A droite est le fort de Sainte-Croix, garni de quarante-huit gros canons , depuis dix-huit jusqu'à quarante-huit livres de balles, et une autre batterie de huit pièces, qui est un peu en dehors ».

« A gauche est le fort de Saint-Jean, où deux autres batteries de quarante-huit pièces de gros canons, font face au fort de Sainte-Croix ».

« Au-dedans, à l'entrée à droite, est le fort de Notre-Dame-de-bon-voyage, situé sur une presqu'île, et muni de seize pièces de canons de dix-huit à vingt-quatre livres de balles ».

« Vis-à-vis est le fort de Ville-Gagnon, où il y a vingt pièces du même calibre ».

« En avant de ce dernier fort, est celui de Sainte-Théodore, garni de 16 canons qui battent la plage ; les Portugais y ont fait une demi-lune ».

« Après tous ces forts on voit l'île des Chèvres, à portée du fusil de la ville, sur laquelle est un fort à quatre batteries, garni de dix pièces de canons, et sur un plateau au bas de l'île, une autre batterie de quatre pièces ».

« Vis-à-vis de cette île, à une des extrémités de la ville, est le fort de la Miséricorde, muni de 18 pièces de canons, qui s'avance dans la mer : il y a encore d'autres batteries de l'autre côté de la rade, dont je n'ai pas retenu le nom ; enfin, les Portugais avertis, avoient placé du canon et élevé des retranchements partout où ils avoient cru qu'on pouvoit tenter une descente ».

« La ville de Rio-Janeiro est bâtie sur le bord de la mer, au milieu de trois montagnes qui la commandent et qui sont couronnées de forts et de batteries. La plus proche en entrant est occupée par les Jésuites; celle qui est à l'opposite, par les Bénédictins et la troisième par l'Évêque du lieu ».

«Sur celle des Jésuites est le fort de Saint-Sébastien, garni de 14 pièces de canons et de plusieurs pierriers; un autre fort nommé de Saint-Jacques, est garni de 12 pièces de canons; un troisième, nommé de Sainte-Aloysie, garni de 8, et outre cela une batterie de 12 autres pièces de canons ».

« La montagne occupée par les Bénédictins est aussi fortifiée de bons retranchements et de plusieurs batteries qui battent de tous côtés ».

« Celle de l'Évêque, nommée la Conception, est retranchée par une haie vive et munie de distance en distance, de canons qui en occupent le pont ».

« La ville est fortifiée par des redans et par des batteries, dont les feux se croisent; du côté de la plaine elle est défendue par un camp retranché et par un bon fossé plein d'eau; au dedans de ces retranchements il y a deux places d'armes qui peuvent contenir quinze cents hommes en bataille. C'étoit en cet endroit que les ennemis tenoient le fort de leurs troupes, qui consistoient en 12 ou 13,000 hommes au moins, en y comprenant cinq régiments de troupes réglées, nouvellement amenées d'Europe par *Dom Gaspard d'Acosta*, sans compter un nombre prodigieux de noirs disciplinés ».

« Surpris de trouver cette place dans un état si différent de celui dont on m'avoit flatté, je cherchai à m'instruire de ce qui pouvoit y avoir donné lieu, et j'appris que la Reine Anne d'Angleterre avoit fait partir un paquebot, pour donner avis de mon armement au Roi de Portugal, lequel n'ayant aucun vaisseau prêt pour en aller porter la nouvelle au Brésil, avoit dépêché le même paquebot pour Rio-Janeiro, et que le hasard l'avoit si bien favorisé qu'il y étoit arrivé quinze jours avant moi. C'est sur cet avertissement que le Gouverneur avoit fait de si grands préparatifs ».

« Toute la journée s'étant passée à forcer l'entrée du port (1), je fis avancer, pendant la nuit, la galiote et les deux traversiers à bombes, pour commencer à bombarder, et à la pointe du jour je détachai M. le Chevalier *de Goyon*, avec cinq cents hommes d'élite, pour aller s'emparer de l'île des Chèvres. Il l'exécuta dans le moment et en chassa les Portugais si brusquement, qu'à peine eurent-ils le temps d'enclouer quelques pièces de leur canon; ils coulèrent à fond, en se retirant, deux gros navires marchands, entre la montagne des Bénédictins et l'île des Chèvres, et firent sauter en l'air deux de leurs vaisseaux de guerre qui étoient échoués sous le fort de la Miséricorde. Ils voulurent en faire autant, d'un troisième échoué sous la pointe de l'île des Chèvres; mais M. le Chevalier *de Goyon* y envoya deux chaloupes, commandées par MM. *de Vaureal* et *de Saint-Aman*, lesquels, malgré tout le feu des batteries de la place et des forts, s'en rendirent maîtres et

____

(1) Cette opération se voit dans les Planches XXXV et XXXVI de notre Recueil.

y arborèrent le pavillon du Roi; ils ne purent cependant mettre ce vaisseau à flot, parce qu'il s'étoit rempli d'eau par les ouvertures que le canon y avoit faites ».

« M. le Chevalier *de Goyon* m'ayant rendu compte de la situation avantageuse de l'île des Chèvres, j'allai visiter ce poste et le trouvai tel qu'il me l'avoit dit. J'ordonnai à MM. *de la Ruffinière, de Kuerguelin* et *Élian*, Officiers d'Artillerie, d'y établir des batteries de canons et de mortiers. M. le Marquis *de Saint-Simon*, lieutenant de vaisseau, fut chargé du soin de soutenir les travailleurs, avec un corps de troupes que je lui laissai; les uns et les autres y servirent avec tout le zèle et toute la fermeté que je pouvois souhaiter, quoiqu'ils fussent exposés à un feu continuel et très-vif de canon et de mousqueterie ».

« Cependant nos vaisseaux manquant d'eau, il n'y avoit pas un moment à perdre pour descendre à terre et pour s'assurer d'une aiguade. J'ordonnai pour cet effet à M. le Chevalier *de Beauve* de faire embarquer la plus grande partie des troupes dans les frégates l'Amazone, l'Aigle, l'Astrée et la Concorde, et je le chargeai de s'emparer de quatre vaisseaux marchands portugais, mouillés près de l'endroit où je comptois faire ma descente. Cet ordre fut exécuté pendant la nuit si ponctuellement que le lendemain matin notre débarquement se fit sans danger et sans confusion; il est vrai que j'avois tâché d'en ôter la connoissance aux ennemis par d'autres mouvements, et par de fausses attaques qui attirèrent toute leur attention ».

« Le quatorze Septembre, toutes nos troupes au nombre de deux mille deux cents soldats et sept à huit cents matelots armés et exercés, se trouvèrent débarqués; ce qui forma, y compris les Officiers, les Gardes de la Marine et les Volontaires, un corps d'environ trois mille trois cents hommes; nous avions outre cela près de cinq cents hommes attaqués du scorbut qui débarquèrent en même temps; ils furent, au bout de quatre ou cinq jours, en état d'être incorporés avec le reste des troupes ».

« De tout cela réuni, je composai trois brigades de trois bataillons chacune; celle qui servoit d'avant-garde étoit commandée par M. le Chevalier *de Goyon*, celle de l'arrière-garde, par M. le Chevalier *de Courserac*, et je me plaçai au centre avec la troisième, dont je donnai le détail à M. le Chevalier *de Beauve*. Je formai en même temps une compagnie de soixante caporaux choisis dans toutes les troupes, avec un certain nombre d'Aides-de-Camp, de Gardes de la Marine et de Volontaires, pour me suivre dans l'action et se porter avec moi dans tous les lieux où ma présence seroit nécessaire ».

« Je fis aussi débarquer quatre petits mortiers portatifs et vingt gros pierriers de fonte, afin d'en former une espèce d'artillerie de campagne. M. le Chevalier *de Beauve* inventa à ce sujet des chandeliers de bois à six pates ferrées qui se fichoient en terre et sur lesquels les pierriers se plaçoient assez solidement. Cette artillerie marchoit dans le centre, au milieu du plus gros bataillon et quand on jugeoit à propos de s'en servir le bataillon s'ouvroit. Toutes nos troupes et toutes nos munitions étant débarquées je fis avancer M. le Chevalier *de Goyon* et M. le Chevalier *de Courserac*, tous deux à la tête de leur brigade, pour s'emparer de deux hauteurs d'où l'on découvroit toute la campagne et une partie des mouvements qui se faisoient dans la ville. M. *d'Amberville*, capitaine des grenadiers de la brigade *de Goyon*, chassa quelques partis des ennemis d'un bois où ils étoient embusqués pour nous observer, après quoi nos troupes campèrent dans cet ordre : la brigade *de Goyon* occupa la hauteur qui regardoit la ville, celle *de Courserac* s'établit sur la montagne à l'opposite, et je me plaçai au milieu avec la brigade du centre. Par cette situation nous étions à portée de nous soutenir les uns et les autres, et nous demeurions les maîtres du bord de la mer où les chaloupes faisoient de l'eau et apportoient continuellement de nos vaisseaux les munitions de guerre et de bouche dont nous avions besoin. M. *de Ricouart*, intendant de l'escadre, avoit soin de ne nous en point laisser manquer et de faire fournir tous les matériaux nécessaires à l'établissement de nos batteries. Le quinze Septembre, voulant examiner si je ne pourrois pas couper la retraite aux ennemis et leur faire voir que nous étions maîtres de la campagne, j'ordonnai que toutes les troupes se missent sous les armes et je les fis avancer dans la plaine, détachant jusqu'à la portée du fusil de la ville, des partis qui tuèrent des bestiaux et pillèrent des maisons sans trouver d'opposition et même sans que les ennemis fissent aucun mouvement, leur dessein étoit de nous attirer dans leurs retranchements, qui étoient les mêmes où ils avoient engagé et défait M. *Duclerc*. Je pénétrai sans peine ce dessein, et voyant qu'ils continuoient à être immobiles je fis retirer les troupes en bon ordre. Cependant je donnai toute mon attention à bien connoître le terrein ; je le trouvai si impraticable, que quand j'aurois eu quinze mille hommes il m'auroit été impossible d'empêcher ces gens-là de sauver leurs richesses dans les bois et dans les montagnes. J'en fus encore mieux convaincu lorsqu'ayant remarqué un parti ennemi au pied d'une montagne et ayant fait filer des troupes à droite et à gauche pour le couper, elles trouvèrent un marais et des broussailles qui les arrêtèrent tout court et les forcèrent de revenir sur leurs pas ».

« Le 16, un de nos détachements s'étant avancé, les ennemis firent jouer un fourneau avec tant de précipitation qu'il ne nous fit aucun mal. Le même jour je chargeai MM. *de Beauve* et *de Blois* d'établir une batterie de dix canons sur une presqu'île qui prenoit à revers les batteries ennemies et une partie des retranchements de la hauteur des Bénédictins ».

« Le 17, les ennemis brûlèrent quelques magasins qu'ils avoient au bord de la mer et qui étoient remplis de caisses de sucre, d'agrès et de munitions. Ils firent aussi sauter en l'air le troisième vaisseau de guerre qui étoit demeuré échoué sous les retranchements des Bénédictins, et brûlèrent encore les deux frégates du Roi de Portugal ».

« Dans l'intervalle de tous ces mouvements quelques partis ennemis, connoissant les routes du pays, se coulèrent le long des défilés et des bois qui bordoient notre camp et après avoir tenté quelques attaques de jour, ils surprirent pendant la nuit, trois de nos sentinelles qu'ils enlevèrent sans bruit. Il y eut aussi quelques-uns de nos maraudeurs qui tombèrent entre leurs mains ; cela leur fit naître l'idée d'un stratagème singulier ».

« Un normand, nommé *Dubocage*, qui, dans les précédentes guerres, avoit commandé un ou deux bâtiments françois armés en course, avoit depuis passé au service du Portugal. Il s'y étoit fait naturaliser et il étoit parvenu à monter de leurs vaisseaux de guerre ; il commandoit à Rio-Janeiro le second de ceux que nous y avions trouvés et après l'avoir fait sauter, il s'étoit chargé de la garde des retranchements des Bénédictins. Il s'en acquitta si bien et fit servir ses canons si à propos, que nos traversiers à bombes en furent très-incommodés et plusieurs de nos chaloupes très-maltraitées ; une entr'autres, chargée de quatre gros canons de fonte, fut percée de deux boulets et elle alloit couler bas, si je ne m'en fusse aperçu par hasard, en revenant de l'île des Chèvres et si je ne l'avois pas prise à la remorque avec mon canot. Ce *Dubocage* voulant faire parler de lui et gagner la confiance des Portugais, auxquels, comme françois, il étoit toujours suspect, imagina de se déguiser en matelot, avec un bonnet, un pourpoint et des culottes goudronnées. Dans cet équipage, il se fit conduire par quatre soldats portugais à la prison où nos maraudeurs et nos sentinelles enlevées étoient enfermés ; on le mit aux fers avec eux et il se donna pour un matelot de l'équipage d'une des frégates de Saint-Malo qui s'étant écarté de notre camp avoit été pris par un parti portugais, et fit si bien son personnage, qu'il tira de nos pauvres françois, trompés par son déguisement, toutes les lumières qui pouvoient lui faire connoître le fort et le foible de nos troupes ; d'après cela les ennemis prirent la résolution d'attaquer notre camp ».

« Ils firent, pour cet effet, sortir de leurs retranchements, avant que le jour parût, mille cinq cents hommes de troupes réglées qui s'avancèrent, sans être découverts, jusqu'au pied de la montagne, occupée par la brigade *de Goyon*. Ces troupes furent suivies par un corps de milices, qui se posta à moitié chemin de notre camp, à couvert d'un bois et à portée de soutenir ceux qui nous devoient attaquer. Le poste avancé qu'ils avoient dessein d'emporter étoit situé sur une éminence à mi-côte, où il y avoit une maison crénelée qui nous servoit de corps-de-garde : à quarante pas au-dessus régnoit une haie vive fermée par une barrière. Les ennemis firent passer, lorsque le jour commença à paroître, plusieurs bestiaux devant cette barrière ; un de nos sergents et quatre soldats avides les ayant aperçus, ouvrirent la barrière pour s'en saisir, sans en avertir l'officier ; mais à peine eurent-ils fait quelques pas que les Portugais embusqués firent feu sur eux, tuèrent le sergent et deux soldats ; ils entrèrent ensuite et montèrent vers le corps-de-garde. M. *de Liesta*, qui gardoit ce poste avec cinquante hommes, quoique surpris et attaqué vivement, tint ferme et donna le temps à M. le Chevalier *de Goyon* d'y envoyer M. *de Boutteville*, aide-major, avec les compagnies de MM. *de Droualin* et *d'Auberville*. Il me dépêcha en même temps un aide-de-camp pour m'informer de ce qui se passoit et en attendant mes ordres il fit mettre toute sa brigade sous les armes et prête à charger. A l'instant je fis partir deux cents grenadiers par un chemin creux, avec ordre de prendre les ennemis en flanc aussitôt qu'ils verroient l'action engagée et je fis mettre toutes les autres troupes en mouvement. Je courus ensuite vers le lieu du combat avec ma compagnie de caporaux ; j'y arrivai assez à temps pour être témoin de la valeur et de la fermeté avec laquelle MM. *de Liesta*, *de Droualin* et *d'Auberville* soutenoient, sans s'ébranler, tous les efforts des ennemis. A l'approche des troupes qui me suivoient, ils se retirèrent précipitamment, en laissant sur le champ de bataille plusieurs de leurs soldats tués et quantité de blessés. J'interrogeai ces derniers, et apprenant d'eux les circonstances que je viens de rapporter, je ne jugeai pas à propos de m'engager dans ce bois et dans ces défilés. Ainsi je fis faire halte aux grenadiers et à toutes les autres troupes qui étoient en marche : en prenant un autre parti, je donnois au milieu de l'embuscade où le corps de milices étoit posté ».

« M. *de Pontto-de-Coetlogon*, aide-de-camp de M. le Chevalier *de Goyon*, fut blessé en cette occasion et nous eûmes trente soldats tués ou blessés. Ce même jour la batterie, dont j'avois laissé le soin à MM. *de Beauve* et *de Blois*, commença à tirer sur les retranchements des Bénédictins ».

« Le 19, M. *de la Ruffinière*, commandant de l'artillerie, me manda qu'il avoit sur l'île des Chèvres cinq mortiers et dix-huit pièces de canons de vingt-quatre livres de balles prêts à battre en brèche, et qu'il attendoit mes ordres pour démasquer les batteries. Je crus qu'il étoit temps de sommer le Gouverneur, et j'envoyai un tambour lui porter ma lettre » (1).

« Le 20, je donnai ordre au Brillant de venir mouiller près du Mars. Ces deux vaisseaux et nos batteries firent un feu vif et continuel qui rasa une partie des retranchements et je disposai toutes choses pour livrer l'assaut le lendemain à la pointe du jour ».

« Pour cet effet, aussitôt que la nuit fut fermée, je fis embarquer dans des chaloupes les troupes destinées à l'attaque des retranchements des Bénédictins, avec ordre d'aller

____

(1) Cette sommation ayant été rejetée, nous la supprimons ici afin d'abréger.

se loger, avec le moins de bruit possible, dans cinq vaisseaux portugais que nous avions remarqués. Elles se mirent en devoir de le faire; mais un orage qui survint les ayant fait apercevoir à la lueur des éclairs, les ennemis firent sur ces chaloupes un très-grand feu de mousqueterie. Les dispositions que j'avois vues dans l'air m'avoient fait prévoir cet inconvénient, et pour y remédier j'avois envoyé ordre, avant la nuit, au Brillant, au Mars et dans toutes nos batteries, de pointer de jour tous leurs canons sur les retranchements et de se tenir prêts à tirer dans le moment qu'ils verroient partir le coup d'une pièce de la batterie où je m'étois posté. Ainsi, dès que les ennemis eurent commencé à tirer sur nos chaloupes, je mis moi-même le feu au canon qui devoit donner le signal, lequel fut suivi dans l'instant d'un feu général et continuel des batteries et des vaisseaux qui, joint aux éclats redoublés d'un tonnerre affreux et aux éclairs qui se succédoient les uns aux autres, rendoient cette nuit affreuse (1). La consternation fut d'autant plus grande parmi les habitants qu'ils crurent que j'allois leur donner assaut au milieu de la nuit ».

« Le 21, à la petite pointe du jour, je m'avançai à la tête des troupes pour commencer l'attaque du côté de la Conception; j'ordonnai à M. le Chevalier *de Goyon* de filer le long de la côte avec sa brigade et d'attaquer les ennemis par un autre endroit. J'envoyai en même temps ordre aux troupes postées dans les cinq vaisseaux de donner l'assaut aux retranchements des Bénédictins ».

« Dans le moment que tout alloit s'ébranler, M. *de la Salle* qui avoit servi d'aide-de-camp à M. *du Clerc*, et qui étoit resté prisonnier dans Rio-Janeiro (2), parut et vint me dire que la populace et les milices effrayées de notre grand feu dès qu'il avoit commencé, et ne doutant point qu'il fût question d'un assaut général, avoient été frappées d'une terreur si grande, que dès ce temps-là même elles avoient abandonné la ville avec une confusion que la nuit et l'orage avoient rendue extrême; que cette terreur s'étant communiquée aux troupes réglées, elles avoient été entraînées par le torrent; mais qu'en se retirant elles avoient mis le feu aux magasins les plus riches et laissé des mines sous les forts des Bénédictins et des Jésuites, pour faire périr du moins une partie de nos troupes; qu'ayant vu de quelle importance il étoit de m'en avertir à temps, il n'avoit rien négligé pour cela et qu'il avoit profité du désordre pour s'échapper ».

« *Dugay-Trouin* resté maître de la place, s'occupe d'abord de tous les soins susceptibles de maintenir la discipline dans ses troupes, que les circonstances

---

(1) Nous avons essayé de représenter cette nuit dans la Planche XXXVII.

(2) *Du Clerc* ayant, en 1710, très-malheureusement échoué dans l'attaque de cette colonie fut, après quelques mois de détention, ou avant l'expédition de *Duguay-Trouin*, barbarement assassiné dans sa chambre. Ses compagnons d'infortune essuyoient de plus en plus, de la part des Portugais, des cruautés de toute espèce, contre la foi des traités.

entraînoient déjà au pillage. Il fait embarquer ensuite, pendant plusieurs jours, sur ses vaisseaux, les diverses contributions imposées aux assiégés, avec le butin qui se trouva dans les édifices publics: objets qui donnèrent aux actionnaires de l'armement trente-deux pour cent de bénéfice, les pertes ultérieures par les accidents de la mer étant défalquées ».

« Cette expédition mémorable coûta en même temps aux Portugais quatre vaisseaux de guerre, deux frégates et plus de soixante navires de toute grandeur, tant brûlés que coulés à fond pendant le siége ».

PLANCHES XXXVIII ET XXXIX.

Vue du Port Louis dans l'Ile-de-France.

La fondation d'une belle colonie et d'un port favorable au commerce le plus brillant, sous un très-beau climat, devant toujours plaire aux artistes, aux gens de goût, aux marins, nous offrons dans la Planche qui se voit ici, la construction du Port Louis dans l'Ile-de-France, sous le gouvernement éclairé de *Mahé de la Bourdonnaie.*

Cette île, découverte d'abord par les Portugais, a depuis été habitée par les Hollandois sous le nom de l'Ile Maurice; mais en 1712 les François l'ayant trouvée abandonnée, ne manquèrent pas de s'en emparer et d'y construire plusieurs forts. On se contenta de ces premiers travaux jusqu'en 1735, qu'on y envoya *la Bourdonnaie:* c'est le moment qui a été choisi pour la gravure que l'on a sous les yeux.

L'utilité ou les avantages de l'Ile-de-France pour le rafraîchissement des vaisseaux de la Compagnie des Indes, ainsi que pour le service des escadres que la protection du commerce de ces mers demande pendant la guerre, sont si connus que nous nous dispensons d'en parler ici; mais les hommes éclairés, qui ont un peu suivi les travaux *de la Bourdonnaie* dans l'Inde, ne nous pardonneroient pas de garder le même silence sur le génie, l'amour de l'état et les différentes connoissances de cet illustre marin. Il possédoit à un degré très-éminent tous les arts utiles à la guerre, à la marine et au commerce.

A l'égard de l'étendue de l'Ile-de-France, son circuit, selon *la Caille,* est d'environ trente-six lieues, sa longueur de douze et sa plus grande largeur de neuf. Cette Colonie est située vers le 18ᵉ. degré 30 minutes de latitude méridionale et le 74ᵉ. degré de longitude, dans les mers d'Afrique, à l'est de Madagascar.

PRISE DU VAISSEAU ANGLOIS LE CUMBERLAND, À L'ABORDAGE

entre le Cap Lezard et Ouessant en 1707.

EMBRASEMENT DU VAISSEAU ANGLOIS LE DEVONSHIRE

à la suite de la prise du Cumberland en 1707.

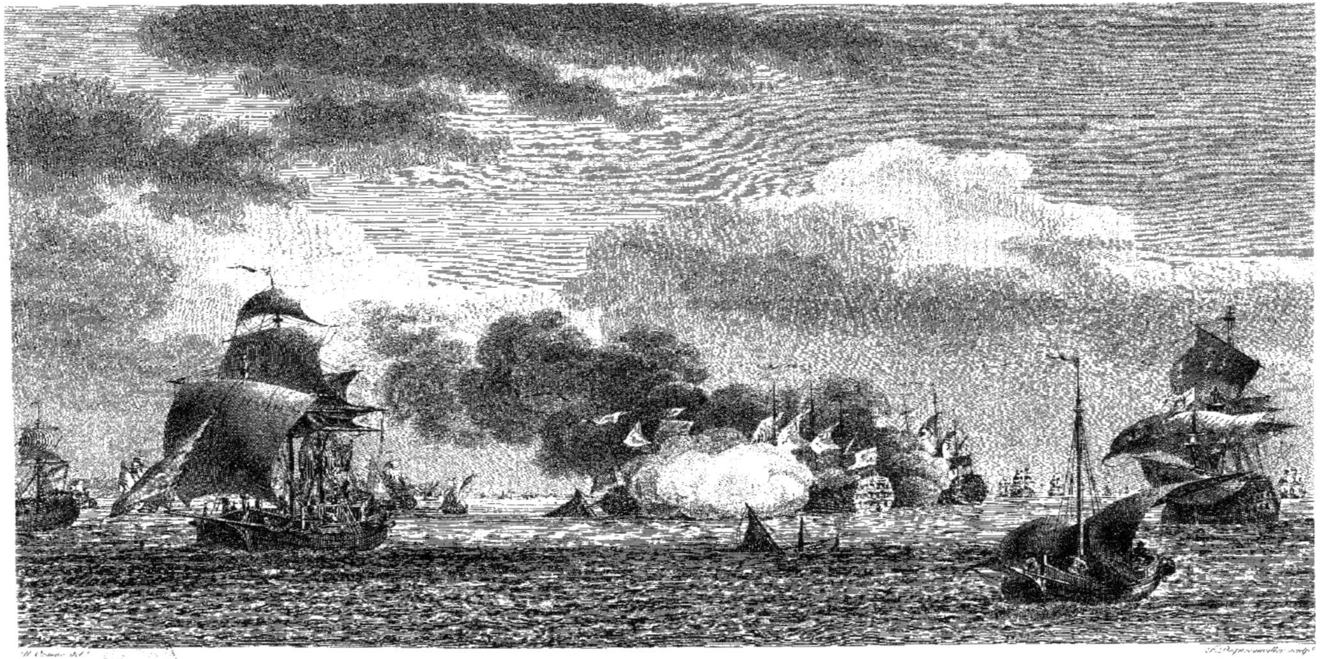

COMBAT GLORIEUX D'UN VAISSEAU FRANÇAIS CONTRE UNE ESCADRE ANGLAISE,

dans la Méditerranée en 1709.

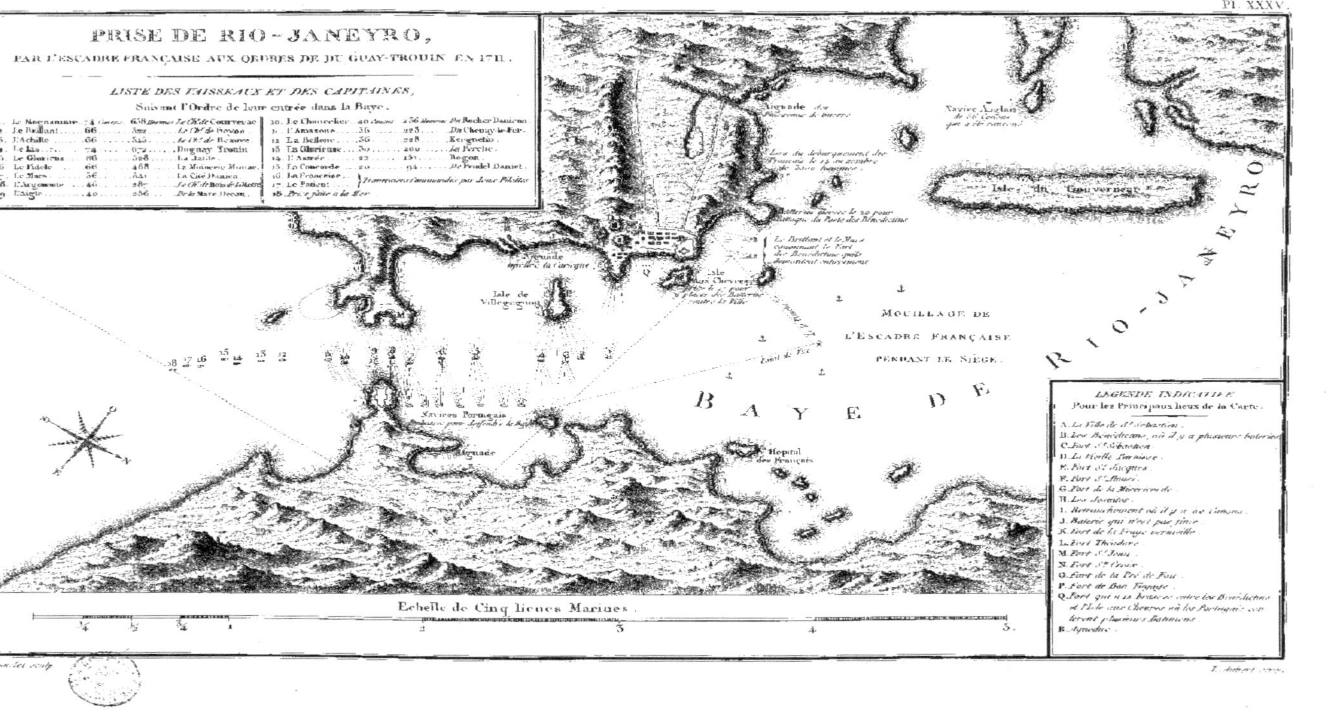

Pl. XXXV.
PRISE DE RIO-JANEYRO,
PAR L'ESCADRE FRANÇAISE AUX ORDRES DE DU GUAY-TROUIN EN 1711.
LISTE DES VAISSEAUX ET DES CAPITAINES,
Suivant l'Ordre de leur entrée dans la Baye.
1. Le Magnanime . . 74 Canons . 658 Hommes . Le Ch.er de Courserac
2. Le Brillant . . 66 . . . 822 . . Le Ch.er de Goyon
3. L'Achille . . 66 . . 545 . . le Ch.er de Beaune
4. Le Lis . . 74 . . 672 . . Duguay Trouin
5. Le Glorieux . . 66 . . 528 . . La Jaille
6. Le Fidèle . . 66 . . 458 . . Le Monnerie Monac.
7. Le Mars . . 56 . . 541 . . La Cité Damien
8. L'Argonaute . . 46 . . 287 . . Le Ch.er de Bois de la Motte
9. L'Aigle . . 40 . . 286 . . De la Mare Decan
10. Le Chancelier . 40 Canons . 256 Hommes . Du Rocher Damienn
11. L'Amazone . . 36 . . 223 . . Du Chesnay-la-Fer.
12. La Bellone . . 36 . . 228 . . Kersnelio
13. La Glorieuse . . 30 . . 200 . . La Perche
14. L'Astrée . . 22 . . 131 . . Rogon
15. La Concorde . . 20 . . 94 . . De Prudel Daniel
16. La Françoise . . }
17. Le Patient . . } Transports commandés par leur Pilotes
18. Prise faite à la Mer
MOUILLAGE DE L'ESCADRE FRANÇAISE PENDANT LE SIÉGE.
BAYE DE RIO-JANEYRO
Isle du Gouverneur
Isle de Villegagnon
Navires Portugais
Hopital des Français
Echelle de Cinq lieues Marines.
LÉGENDE INDICATIVE
Pour les Principaux lieux de la Carte.
A. La Ville de St Sébastien.
B. Les Bénédictins, où il y a plusieurs bateries
C. Fort St Sébastien.
D. La Vieille Tarraisse.
E. Fort St Jacques.
F. Fort St Louis.
G. Fort de la Miséricorde.
H. Les Jésuites.
I. Retranchement où il y a des Canons.
J. Baterie qui n'est pas finie.
K. Fort de la Braye vermeille.
L. Fort Théodore.
M. Fort St Jean.
N. Fort Ste Croix.
O. Fort de la Pré de Fou.
P. Fort de Bon Fiaque.
Q. Fort qui a sa Braye, entre les Bénédictins et l'Isle aux Chèvres où les Portugais coulèrent plusieurs Bastimens.
R. Aqueduc.

ENTRÉE DE L'ESCADRE FRANÇAISE DANS LA BAYE DE RIO-JANEYRO,

le 12. Septembre 1711.

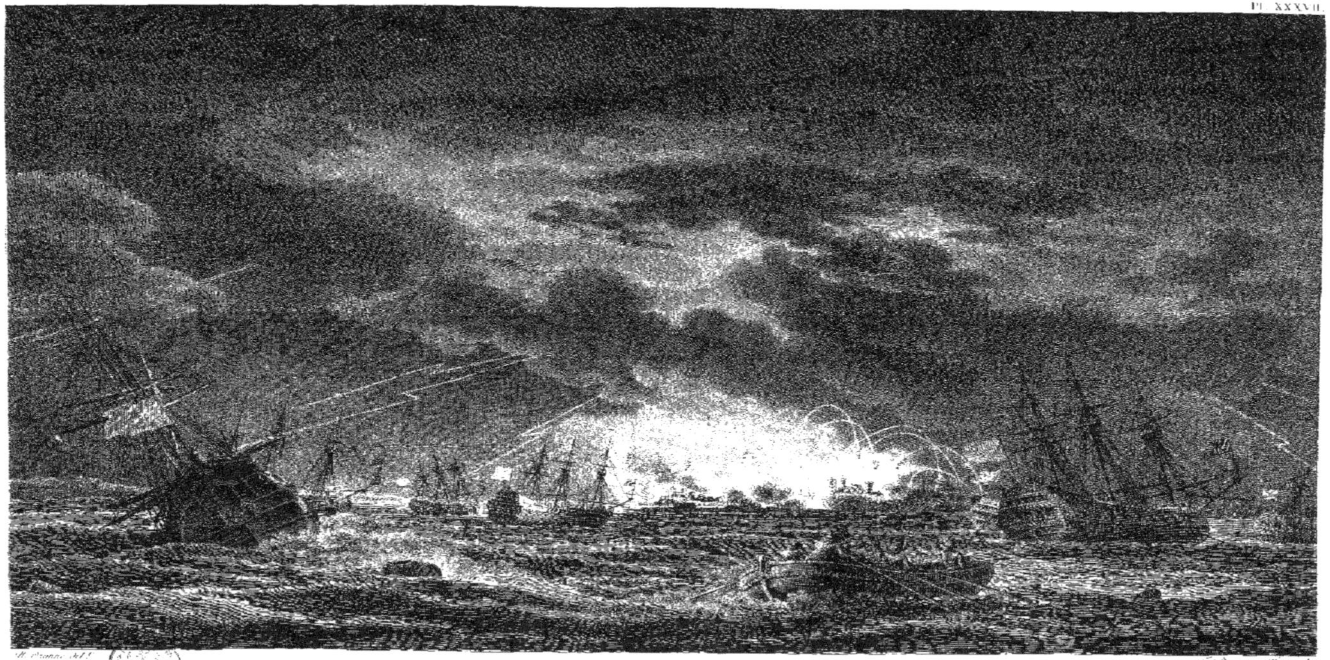

ATTAQUE GÉNÉRALE PAR TERRE ET PAR MER DE RIO-JANEYRO,

prise d'Assaut pendant un violent Orage le 21 Septembre 1711.

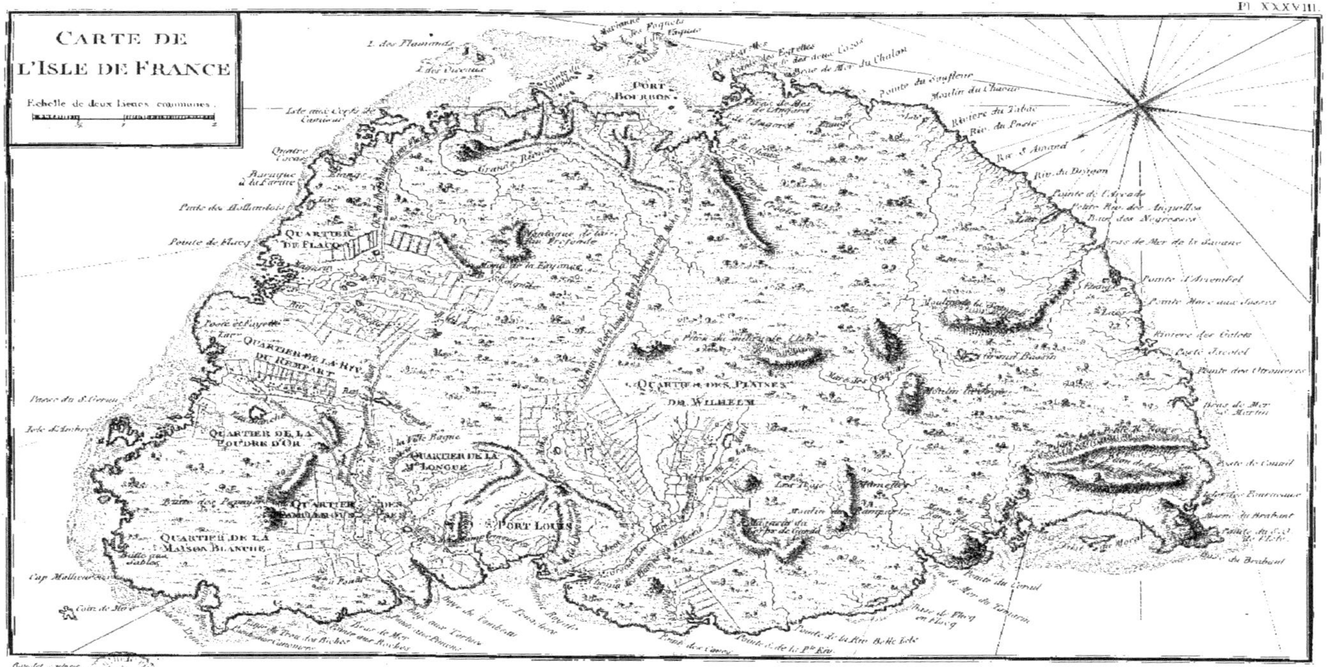

Pl. XXXVIII.
CARTE DE
L'ISLE DE FRANCE
Echelle de deux Lieues communes.
PORT BOURBON
QUARTIER DE FLACQ
QUARTIER DE LA RIV. DU REMPART
QUARTIER DE LA POUDRE D'OR
QUARTIER DE LA M. LONGUE
QUARTIER DES PAMPLEMOUSSES
QUARTIER DE LA MAISON BLANCHE
PORT LOUIS
QUARTIER DES PLAINES DE WILHELM
I. des Flamands
I. des Oiseaux
Grand Rivière
Montagne de la Riv. Profonde
Piton du milieu de l'Isle
Grand Bassin
Mare aux Vacoas
Pointe de Flacq
Pointe des Hollandois
Passe du S. Geran
Isle d'Ambre
Baie des Pagaies
Cap Malheureux
Coin de Mire
Moulin du Tabac
Rivière du Poste
Riv. du Doyçon
Pointe de l'Arcade
Petite Riv. des Anguilles
Baie des Negresses
Pointe d'Arcembel
Pointe Mare aux Songes
Rivière des Galets
Coste Jacotel
Pointe des Otromères
Bras de Mer S. Martin
Pointe de Courel
Coste des Bouroux
Anse du Brabant
Pointe du S.O. de l'Isle
Pointe du Brabant
Rosulet sculpsit.
E. Aubert scripsit.

CONSTRUCTION DU PORT LOUIS DANS L'ISLE DE FRANCE.

Representée pendant le défrichements des lieux par le feu et tous les moyens prompt que l'art peu dicter, en 1738.